迷人的生物学

Fascinating Biology

席德强　汪立春　编著

北京师范大学出版集团
BEIJING NORMAL UNIVERSITY PUBLISHING GROUP
北京师范大学出版社

图书在版编目(CIP)数据

迷人的生物学／席德强，汪立春编著.—北京：北京师范大学出版社，2009.10 (2014.5 重印)
ISBN 978-7-303-10515-1

Ⅰ．迷… Ⅱ．①席… ②汪… Ⅲ．生物学－普及读物
Ⅳ．Q-49

中国版本图书馆 CIP 数据核字(2009)第 180077 号

营 销 中 心 电 话　010-58802181 58805532
北师大出版社高等教育分社网　http://gaojiao.bnup.com
电 子 信 箱　gaojiao@bnupg.com

出版发行：北京师范大学出版社 www.bnup.com
　　　　　北京新街口外大街 19 号
　　　　　邮政编码：100875
印　　刷：北京京师印务有限公司
经　　销：全国新华书店
开　　本：170 mm × 230 mm
印　　张：10
字　　数：132 千字
版　　次：2009 年 10 月第 1 版
印　　次：2014 年 5 月第 7 次印刷
定　　价：20.00 元

策划编辑：姚斯研　　责任编辑：姚斯研　贺　率
美术编辑：高　霞　　装帧设计：高　霞
责任校对：李　菡　　责任印制：孙文凯

序 言

　　我走访过很多所学校，内蒙古师范大学锦山实验中学是我见过的很有特色的学校之一。这是一所崇尚文化的学校，这是一所重视教师发展的学校，巴易尘校长等学校领导实施了大师引领策略，坚持每月请一位专家来校讲学，每个学科每学期请一位全国名师来校指导教师教学，点拨教师专业发展。和大师对话，与经典为友，成为学校师生每天的生活盛宴。这在全国都是少见的。学校高扬"教育——开启智慧、养育精神、灿烂生命"的信念之旗，"遵从人道、澄明人性、亮美人心、陶铸人格、滋养人生，让每一个锦中人生出人性的芽，长出人情的叶，树起人格的骨，开放灵魂的花，结好人生的果。"通过教育让师生的精神高贵起来，人生幸福起来。

　　正是在这种氛围里，在这个团队中，一批优秀的中青年教师脱颖而出，席德强老师就是其中的一位。在学校领导的支持和鼓励下，近年来他在国家核心期刊发表文章十多篇，主编出版教辅用书两本，并获得国家发明专利两项。现在这本科普用书的问世，表明学校里有一批学者型教师被打造出来。

　　我每次看到生物学方面的科普读物都留些小小的遗憾，有的太浅显，有的叙述不准确，有的存在科学性错误，我期盼有一本适合中学生阅读的，有一定知识性和略有深度的科普读物。席老师结合多年生物教学的体验和积累的丰富资料，立足于激发中学生热爱自然、亲近自然、研究自然和欣赏自然，着眼于生物学知识的科学性、趣味性和实用性，以唤醒学生学习热情为中心，以大自然的神奇秀丽为着眼点，以生命科学的奥秘为主线，写出的这本科普读物是值得一读的。兴趣是最好的老师。相信广大学生读过这本书后，会对生命科学产生浓厚兴趣，了解些许探索生命奥秘的途径和方法，为继续学习和发展给予有益的帮助。

北京四中特级教师　郑春和
2009 年 9 月

目　录

第一篇　迷人的植物学

第四篇　迷人的微生物学

第五篇　迷人的生态学

第一篇　迷人的植物学

植物学是研究植物的形态、生理、分类、生态、分布、发生、遗传、进化的科学。植物学研究的目的在于开发、利用、改造和保护植物资源，让植物为人类提供更多的食物、纤维、药物和建筑材料等。

古希腊哲学家亚里士多德的学生提奥夫拉斯图被视为植物学的创始人，他在公元前300年写的《植物历史》或称《植物调查》一书，在哲学原理基础上将植物分类，描绘其各部分、习性和用途。现代植物分类基本原理由英国生物学家雷在17世纪末确立，他把有花植物分为单子叶和双子叶，进一步再分就包括迄今还沿用的许多植物科。1753年瑞典植物学家林奈发表"植物种志"，确立了双名法，并把约6000种植物归入各属（沿用至今），仔细描写，校勘了他所知的种和以前植物学家的命名和描写，再按双名法命名。此后与分类学进展相并行的植物解剖学、植物生理学、植物胚胎学等的研究也就发展起来了。到19世纪中期植物学各分支学科已基本形成。达尔文、孟德尔的工作更为植物进化观和遗传机制的确立打下了基础。

20世纪特别是50年代以来，植物学又有了飞速发展，主要是植物生理学、生物化学和遗传学等的成就，如光合作用机理的阐明，光敏素、植物激素的发现，微量元素的发现，遗传育种技术、同位素计年法建立，以及抗生物质的分离等，使植物学在经济上更为重要，成为园艺学、农业和环境科学的重要理论基础。

现代植物学以研究层次和重点不同划分为植物形态学、植物生理学、植物遗传学、植物生态学和植物分类学五个主要分支。

第一章　关于植物的趣闻

一、路边的神秘植物——曼陀罗

有一幅埃及的壁画告诉我们古埃及人宴客时，常会把曼陀罗花果拿给客人闻，这是因为曼陀罗花果富有迷幻药的特性，可以让客人产生欣快感。三国时期名医华佗发明的麻沸散的主要有效成分也是曼陀罗。古代的武士还将它制成"蒙汗药"，使敌人全身瘫软无力甚至失去知觉。曼陀罗因为有这些独特的作用而受到多方面的关注。既有人用它来造福社会，也有人用它来为非作歹。

在温带，曼陀罗为一年生草本植物。茎直立、粗壮，主茎常木质化，株高 50~150 cm，全株光滑无毛，有时幼叶上有疏毛。上部常呈二叉状分枝。单叶互生，叶片为宽卵形，边缘具不规则的波状浅裂或疏齿，具长柄。脉上生有疏短柔毛。花单生在叶腋或枝杈处；两性花，花冠喇叭状，白色至紫色，五裂，有重瓣者；雄蕊 5，全部发育，插生于花冠筒；花萼 5 齿裂筒状（图 1-1、图 1-2）。蒴果直立，表面有硬刺，卵圆形。种子稍扁肾形，黑褐色。通常采用播种法繁殖。

图 1-1

图 1-2

误食曼陀罗中毒的临床表现

曼陀罗中毒为误食曼陀罗种子、果实、叶、花所致。一般食后0.5～2小时出现症状，早期症状为口、咽喉发干，吞咽困难，声嘶，脉快，瞳孔散大，皮肤干燥潮红、发烧等。食后2～6小时可出现谵妄、幻觉、躁动、抽搐、意识障碍等精神症状。严重者常于12～24小时出现昏睡，呼吸浅慢、血压下降以至发生休克、昏迷和呼吸麻痹等危重征象。

曼陀罗中毒剂量因毒性、进入途径、年龄及健康状况而异。成人食果3枚或种子3～4粒即可中毒，多为急性突然发病。儿童较敏感，剂量只要成人的十分之一，且伴有嗜睡现象。此外，外敷曼陀罗叶也能引起急性全身性中毒，症状与口服相同，出现症状时间比口服者更快。

曼陀罗的药用价值

曼陀罗，中药名洋金花、山茄子、醉人草、闹阳花、透骨草、喇叭花、风茄或野麻子等，叶、花、籽均可入药，味辛性温。其主要成分为山莨菪碱、阿托品及东莨菪碱等，上述成分具有兴奋中枢神经系统，阻断M-胆碱反应系统，对抗和麻痹副交感神经的作用。除作外科手术的麻醉剂和止痛剂外，还作治疗癫痫、蛇伤、狂犬病的药物，主治咳逆气喘、面上生疮、脱肛及风湿、跌打损伤等，但用药一定要遵医嘱。

自20世纪70年代以来，以曼陀罗为主的中药麻醉剂重放异彩，这种麻醉方法已引起国外医学专家的重视，为世界医学作出了贡献。

二、北方的一种寄生植物——槲寄生

1. 槲寄生的生物学特性

在我国华北、东北地区成片的树林里，经常能看到一种寄生在榆树、杨树上的常绿半寄生植物——槲寄生（图1-3）。

槲寄生属于槲寄生科（Viscaceae）槲寄

图1-3

生属（Viscum），学名榆树寄生、白杨寄生（mistletoe）。当地百姓因其冬天也是绿色的，称之为"冬青"。槲寄生为小灌木，高 30～60 厘米。花单性，雌雄同株；叶肥厚，单叶对生，生于枝端，无柄，近肉质，椭圆状披针形，主脉 5 出，中间 3 条显著。果为圆形，橙红色，富有黏液质。花期为每年 4～5 月，果期通常在 9 月。

2. 槲寄生与宿主的关系

图 1-4

槲寄生其实是一种半寄生植物，它有叶绿素，能进行光合作用，但根特化为寄生根，导管直接与宿主植物相连，主要从宿主身上获得水和无机盐（图 1-4）。但它的寄生也绝不是简单地吸收一点营养，它还通过自己的一些分泌物抑制榆、杨的生长，引起树叶早落，次年发芽迟缓。寄生得多了，它还会引起宿主的顶枝枯死，叶片缩小，这会对宿主造成伤害，但对槲寄生是有利的，使它有机会接触到充足的阳光。一般情况下，寄生生物对宿主的危害都是不太严重的、轻微的、不致命的，这样有利于它持续地获得营养，长久地寄生下去。但如果寄生的冬青太多了，超过了宿主能承受的限度，将会导致一棵大树枯死的现象（图 1-5、图 1-6）。

图 1-5

图 1-6

3. 槲寄生的药用价值

当然，槲寄生也不是完全没用的，它可作药用。《中国药典》、《中华本草》都有记载，槲寄生性平，味甘、苦。归肺、肝、肾、脾经。败毒抗癌，祛风除湿，补肝肾，强筋骨，安胎。用于风湿痹痛、腰膝酸软、胎动不安。有些地方的百姓还常用开水浸泡了槲寄生的枝叶泡脚，以此治疗冻伤。在我国最早的药物学著作《神农本草经》中就已经把其列为上品，它也是近年天然药物研究的热点。

有专家预测槲寄生有望成为继紫杉醇之后又一种神奇的天然抗癌药。近年来，槲寄生提取物的免疫调节活性和对肿瘤细胞的生长抑制活性已成为体外研究的重要课题。采集新鲜槲寄生全株植物用水提取，其水提物具有多种抗癌效果，可以治疗乳腺癌、胃癌与结肠癌等常见肿瘤疾病，对肺癌也有一定治疗作用。由于槲寄生为民间常用药用植物，对人体十分安全，现在很多国家都有专家开展这方面的研究。（傅炜昕，于笑难，梁再赋等《槲寄生 Lectin 体外对肿瘤细胞的细胞毒性作用》）

4.槲寄生的繁殖

冬天的北国，草木枯黄，树叶凋零，一派萧条的景象。远远望去，树梢上一簇簇的槲寄生，就像一个个绿色的喜鹊窝，近看，它就成了村庄里唯一的绿色（图1-7）。再仔细看，冬青上结满了橘红色的小果，几只小鸟在其间嬉戏。以槲寄生的果实为食物的鸟类有灰椋鸟、太平鸟、小太平鸟、棕头鸦雀（俗称冬青鸟）等。这

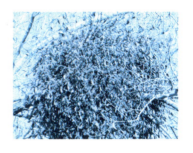

图1-7

些鸟会聚集在冬青周围，一边嬉戏一边吃冬青果。由于冬青果的果肉有黏液，它们在吃的过程中会在树枝上蹭嘴巴，这样就会使果核黏在树枝上。有的果核被它们吞进肚子里，会随着粪便排出来，也会黏在树枝上。这些种子并不能很快萌发，一般要经过3～5年的休眠。有时冬青的种子落在冬青身上，也会长出小冬青，也就是说它们可以寄生在同类身上，真是奇妙。这样，槲寄生寄生在榆树、杨树上，冬青鸟吃冬青果，同时为冬青传播种子。从食物链来看，榆树（杨树）→冬青是一条寄生链，冬青→冬青鸟是一条捕食链。

5. 槲寄生的现状与保护

由于槲寄生的种子靠鸟类在榆树、杨树等宿主中传播，且生长缓慢，因此槲寄生的野生资源有限。其特殊的繁殖和生长方式也使槲寄生不能像其他植物那样可以人工快速大批量种植，因此限制了对槲寄生的进一步开发利用。

如今由于环境污染、人为捕杀，鸟类越来越少了。而槲寄生只靠鸟类传播种子，鸟类的稀少导致槲寄生的繁衍遇到了前所未有的困难。另外，槲寄生独特的药用价值正在被人们所了解，很多商家进行收购。冬天的槲寄生很脆，用木杆一戳就掉，一个人一天工夫就可以将一片林子的

图 1-8

槲寄生除尽，而它的生长又很缓慢，种子萌发需 3～5 年，长成簇丛又需 5 年左右，形成比较大的种群则需 20～30 年。所以由于人为采集，加上鸟类稀少，繁衍困难，在北方槲寄生已经越来越稀少了，像上图这样大片的槲寄生在北方已经很少见了（图 1-8）。所以目前将开发利用与保护并重，研究槲寄生的人工培育方式，将是一个很重要的课题。（本文发表在《生物学通报》2009 年第 7 期上）

三、含羞草为什么会害羞

人们常说"人非草木，孰能无情"，实际上却不尽然，有的植物也是有感情、有知觉的，含羞草（图 1-9）就是其中最典型的一种。

含羞草原产于南美热带地区，喜温暖、湿润，对土壤要求不严，喜光，但又能耐半阴，故可作室内盆花赏玩。含羞草的小叶细小，呈羽状排列，用手触小叶，小叶受到刺激后，即会合

图 1-9

拢，如震动力大，可使刺激传至全叶，则总叶柄也会下垂，甚至还可传递到相邻叶片，使其叶柄下垂，当"风平浪静"数分钟后，它们又恢复如初了，仿佛姑娘怕羞而低垂粉面，故名含羞草。

可这真的是叶子怕羞吗？当然不是。人们发现，含羞草的运动发生在小叶和叶柄以及叶柄与茎节的连接部位。只要仔细观察，就会发现这些部位有一个比较膨大的部分，叫做"叶枕"。在叶枕的中心部分有许多薄壁细胞。薄壁细胞里充满着水分，经常胀得鼓鼓的并保持很大的压力，而且下半部比上半部压力大，所以能使叶柄向上挺着。当受到外界刺激时，叶子受到震动，叶枕下部细胞里的水分马上向上部和两侧瞬间排出，于是，叶枕下部就瘪下去了，而上部则鼓起来，小叶和叶柄就垂下去了。当它含羞低头时，各叶枕里的排水变化甚至可以用肉眼观察出来，叶枕原来是淡绿色的，在受到震动后，叶枕下部马上收缩，颜色会忽然变成深绿，而且有些透明，很像被水浸湿前后纸的颜色变化。小叶运动的原理与此基本相同，只是小叶叶枕上半部和下半部组织细胞的构造正好与叶柄基中叶枕的组织细胞构造相反，它的下半部比上半部压力小。因此，当受到刺激时，小叶成对地合拢。

含羞草的含羞是为了给人看吗？当然不是，这是含羞草对环境的一种适应。因为它原产地在热带，多狂风暴雨，当雨水滴落于小叶或暴风吹动小叶时它即能感应，立即把叶子闭合，保护自己柔弱的叶片免受暴风雨的摧折，植物学上把这种有趣的现象叫做感震运动。

含羞草体内的含羞草碱是一种有毒物质，在它含羞时会较多地释放出来，如果过度把玩，长期接触后会使毛发脱落。这种做法也会影响含羞草的生长。所以我们在家里养含羞草，最好只养一盆，含羞草的含羞我们也是少看为妙。

四、香蕉的遗传型及繁殖

现在即使对北方人来说，香蕉也是一种常见的水果了。很多人都有疑问：香蕉没有种子，怎么繁殖？下面我们了解一下有关香蕉的知识。

香蕉(图 1-10)是一种热带、亚热带水果。世界上种植香蕉的国家多达 120 个，种植面积仅次于葡萄、柑橘而位居第三。年产量达 7 千万吨，仅次于葡萄。我国的香蕉种植区主要分布在广东、广西、福建、台湾、海南、云南等省，面积达 18.2 万公顷，产量达 245 万吨，仅次于苹果、柑橘、梨，位居第四。香蕉的果实

图 1-10

富含碳水化合物，低钠、高钾、低脂肪、低胆固醇，具有特殊香味，是一种深受人们喜爱的水果。

香蕉属于芭蕉科，芭蕉属。食用香蕉分为香蕉类型、大芭蕉类型和粉蕉类型。现在香蕉的栽培种起源于尖叶蕉和长梗蕉，是由这两个原始种通过杂交后进化而成的。香蕉的染色体基数为 11，如果把尖叶蕉基因组称为 A、长梗蕉基因组称为 B，那么一般情况下 A 基因产量较高，味道较佳，而 B 基因抗逆性较好，如抗寒性、抗旱性、抗涝性等。香蕉的基因型可分为二倍体的 AA、AB、BB(染色体有 22 条)、三倍体的 AAA、AAB、ABB、BBB(染色体有 33 条)和四倍体的 AAAA、AAAB、AABB、ABBB 和 BBBB(染色体有 44 条)。四倍体香蕉主要是由二倍体经人工培育而成的品种。二倍体香蕉产量较低。在生产上的栽培品种主要为三倍体香蕉。在三倍体香蕉中，AAA 和部分的 AAB 味道较好，多以鲜食为主，而 BBB、ABB 和部分的 AAB 味道较差，多以煮食为主。香蕉是由尖叶蕉进化的三倍体，大芭蕉和粉蕉则是杂种三倍体。

三倍体香蕉由于染色体的配对发生紊乱，从而不能正常地进行减数分裂，不能产生种子，只能通过无性繁殖繁衍后代。可以用地下的不定芽进行繁殖，也可以用块茎进行繁殖。

五、你了解食虫植物吗

从来都是动物以植物为食，然而广阔的大自然里无奇不有，以动

物为食的植物也是确实存在的。食虫植物又称食肉植物，是一个稀有的类群。已知的食虫植物全世界共 10 科 21 属，约有 600 多种，典型的例子有猪笼草、捕蝇草、锦地罗等。

1. 猪笼草

猪笼草属植物，全世界约有 67 种，我国仅广东地区产一种。猪笼草在自然界常常平卧生长，叶的构造复杂，分叶柄、叶身和卷须，卷须尾部扩大并反卷形成瓶状，可捕食昆虫（图 1-11）。

图 1-11

猪笼草叶顶的瓶状体是捕食昆虫的工具。瓶状体开口边缘和瓶盖腹面能分泌芬芳的蜜汁，引诱昆虫。昆虫寻蜜而来，猪笼草的瓶盖正大开着，昆虫急不可耐地爬向瓶口，刚想观察一下瓶内情况，看看有没有危险，却因瓶口异常光滑、来不及站稳就滑到了瓶底。接着，还没来得及做出任何反应，就被植物的消化液包围了。昆虫只挣扎了几下，就被瓶底分泌的消化液淹死，最后被分解成小分子营养物质，逐渐被植物消化吸收了。据悉，在印度有一种名为"*Nepenthes Tanax*"的忘忧草（猪笼草属中的一种）甚至还吃老鼠呢。

2. 捕蝇草

捕蝇草中央扁平或者细线状好似翅膀形状的是叶柄部分，叶柄的末端带有一个捕虫夹，叶的正面有许多无柄腺，可以分泌消化液来分解昆虫并吸收昆虫的养分，越接近叶边缘，无柄腺就越少。叶缘长有齿状的刺毛，基部有分泌腺，会分泌出黏液，防止昆虫挣脱并使叶瓣黏合。这种拥有捕捉昆虫的特殊功能和特殊模样的捕虫夹，是一种变态叶。

捕蝇草在捕捉昆虫时的反应极为迅速。它的捕虫夹可以在 20～40 秒内迅速闭合，叶缘的刺毛互相交错绞合，把昆虫活活关押在中间。当昆虫在里面挣扎时，便再次触动激发刺毛，每触动激发刺毛一次，捕虫夹就闭合得更紧（图 1-12、图 1-13）。同时，刺毛受到刺激后，叶片上的无柄腺就分泌出一种酸性很强的消化液，将虫体消化，然后再由这些腺体吸收。大约 5 天后，当昆虫的营养物质被吸收干净后，叶子又重新张开，准备捕捉新的猎物。

 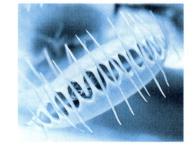

图 1-12　　　　　　　　　　　　　　　图 1-13

在环境适宜、营养充足的情况下，捕蝇草会长出较大的捕虫夹，最长可达到 30～50 厘米。可是不要认为越大的捕虫夹会捕捉越多的昆虫。捕蝇草的捕虫夹尺寸是经过长期进化来的最适宜的大小，这样尺寸的捕虫夹可以让捕蝇草捕捉到尽可能多的昆虫。若捕蝇草的夹子长得太大，那么夹子闭合需要的时间就会延长，昆虫就能及时逃走，捕蝇草就会少了许多捕食的机会，因为体形大而笨拙的昆虫毕竟只占少数，而为数众多的小型昆虫能从未完全闭合的捕虫夹逃走。

六、植物之最

1. 最高的树

如果举办世界树木高度竞赛的话，那就只有澳洲的杏仁桉树才有资格得冠。杏仁桉树一般都高达 100 米，曾有一株高达 156 米，树干直插云霄，有五十层楼那样高，是人类已测量过的树木中最高的一株。鸟在树顶上歌唱，在树下听起来，就像蚊子的嗡嗡声一样。

这种树基部周围长达 30 米，树干笔直，向上则明显变细，枝和叶密集地长在树的顶端。叶子长得很奇怪，一般的叶是表面朝天，而它是侧面朝天，像挂在树枝上一样，与阳光的投射方向平行。这种古怪的长相是为了适应气候干燥、阳光强烈的环境，减少阳光直射，防止水分过度蒸发。

2. 最长的植物

在热带和亚热带森林里，生长着参天巨树和奇花异草，还有会绊人跌跤的"鬼索"，这就是在大树周围缠绕成无数圈圈的白藤。白藤的茎特别长，而且很纤细，可以说是植物王国里的"瘦长个子"。茎的直径不过4～5厘米，但白藤从根部到顶部却长达300米，比世界上最高的桉树还长一倍。资料记载，白藤长度的最高纪录竟达500米。

白藤茎的上部到茎梢又长又结实，长满又大又尖往下弯的硬刺。它像一根带刺的长鞭，随风摇摆，一碰上大树，就紧紧地攀住树干不放，并很快长出一束又一束新叶。接着它就顺着树干往上爬，而下部的叶子则逐渐脱落。白藤爬上大树顶后，还是一个劲儿地长，可是已经没有什么可以攀缘的了，于是它那越来越长的茎就往下坠。爬爬坠坠，坠坠爬爬，把大树当做支柱，沿着树干盘旋缠绕，形成许多怪圈。于是，人们给它取了个绰号叫"鬼索"。

3. 最大的圆叶

世界上最大的圆叶要算是原产在南美洲亚马孙河流域的著名植物——王莲——的叶子(图1-14)。一般的莲叶直径60～70厘米，而王莲叶直径有200～300厘米，最大的竟有400厘米。王莲叶浮在水面上，边缘向上卷起，好像一

图 1-14

只浅浅的大圆盆。因为王莲叶的面积很大，加上叶子从中央到四周都由放射状的坚韧的粗大叶脉构成支架，中间有许多镰刀形的横隔，分成一个个气室，因此它在水面上的浮力十分惊人，能托住一个30～40千克的孩子。王莲的叶子仿佛像重心连在悬索上的板面，人们受到它的启示，建造了叶式浮桥。

如今王莲已是现代园林水景中必不可少的观赏植物，也是城市花卉展览中必备的珍贵花卉，既具有很高的观赏价值，又能净化水体。北京植物园、云南省西双版纳植物园和广州华南植物园等都有引种。

4. 最大的花

在苏门答腊的热带森林里，生长着一种十分奇特的植物，它的名字叫大花草（图 1-15）。它一生中只开一朵花，花的直径一般可以达到 1 米左右，最大的直径可达 1.4 米，是世界上最大的花，因此又叫它"大王花"。这种花有 5 片又大又厚的花瓣，整个花冠呈鲜红色，上面有点点白斑，每片花瓣长约 30 厘米，

图 1-15

整个花就有 6～7 千克重，花心像个脸盆，可以盛 7～8 千克水，因此看上去绚丽而又壮观。这种植物不仅花朵巨大，另一个奇特的地方就是，它的花是散发臭味的，因此大多数昆虫不愿靠近。

5. 最大的种子

在非洲塞舌尔群岛生长着一种高大的海椰子树，海椰子的果实直径在 30 厘米以上，外面长有一层海绵状的纤维质外壳，剥开外壳后就是坚果。海椰子的一个果实可重达 25 千克，其中的坚果也有 15 千克，是世界上最大的种子。

海椰子的坚果是一种复椰子，就像是合生在一起的两瓣椰子，因此，塞舌尔人将其誉为"爱情之果"。海椰子坚果内的果汁稠浓至胶状，味道香醇，可食亦可酿酒，果肉熬汤服用，可治疗久咳不止，并有止血的功效。海椰子的椰壳经雕刻镶嵌，可做装饰品。

海椰子虽然如其他椰子一样可以在海上漂浮，却不能在海滩上生长。它的生长十分缓慢，百年才能长成，果实要 7 年才能成熟。作为塞舌尔的国宝，海椰子的果实仅一颗售价就高达几百美元。目前海椰子已成功引种中国，在北京植物园安家落户。

第二章　植物对环境的适应

一、植物的传粉谋略

1. 引诱昆虫的本事

植物是固定生长的，因此它们的有性生殖依赖于花粉的传播。这样就得依靠传粉的媒介——风、水、昆虫，其中主要是依靠昆虫。但昆虫也不会白白地为植物传粉，没有回报的事它们是不会做的。在长期的进化中，植物形成了各种各样引诱昆虫为其传粉的本事，有些已达到了令人惊叹的地步，常见的有以下几种：

优厚的报酬　植物常常靠搭配彩色图案、散发不同气味吸引昆虫来访。不同植物散发的气味不同，趋附的昆虫种类也不同，有喜芳香的，也有喜恶臭的。然而，仅仅靠颜色和气味的吸引是不够的，昆虫们只有得到实实在在的报酬，才会积极地去为植物传粉。花粉和花蜜都是富含营养的食品。植物除了准备一部分花粉用于受精之外，还要有一部分花粉和花蜜供传粉者食用。花蜜暴露在外的，往往为甲虫、蝇和短吻的蜂类、蛾类所趋集；花蜜深藏在花冠内的，多为长吻的蝶类和蛾类吸取。

周到的服务　如果传粉者访问了某种植物的花，却发现没有报酬或报酬已经被其他传粉者取走，传粉者就会留下记忆，转而去寻找其他植物的花，以避免徒劳无获。有些"好心"的植物会通过花色变化提示传粉者花内报酬的现状。当花被传粉者造访之后，花的颜色发生改变，让新开的、含有高报酬的、还未传粉的花更为显眼。例如，未授粉的马兜铃花是直立的，待传粉完成后即下垂。这样，不仅传粉者可以提高觅食的效率，未授粉花的访问也得到了保证，植物也因此受益。

善意的欺骗　一些兰科植物常常利用多种多样的欺骗手段吸引传粉者。如足茎毛兰的唯一传粉者是中华蜜蜂，足茎毛兰并不为中华蜜蜂提供任何报酬，但其唇瓣上的黄色斑点与能为中华蜜蜂提供花蜜的光叶海桐的黄色花特别相似。中华蜜蜂常把足茎毛兰的花误认为是光叶海桐的花去光顾，从而替足茎毛兰传递了花粉。

温柔的牢狱　马兜铃的雌蕊较雄蕊先成熟。当花内雌蕊成熟时，小虫顺着花内的倒毛进入花筒基部采蜜，这时虫体携带的花粉就被传送到雌蕊的柱头上。当小虫想要出去时却出不去了，因为它一后退就被竖起的倒毛关住，不过花筒基部为昆虫提供了一些花蜜，让"囚犯"能够有吃有喝，直到这朵花的雄蕊成熟，花粉散出，倒毛才逐渐枯萎，为昆虫外出开放通道，被囚禁的昆虫才重获自由。而外出的昆虫周身粘着大量花粉，待进入另一朵花采蜜时，又会把花粉带到另一朵花的柱头上去。

致命的诱惑　与设置陷阱、采取囚禁传粉者的手段相比，有些植物的手段显得更为残忍，它们通过"谋杀"传粉者达到授粉的目的。南非睡莲与马兜铃相反，它们的花是雄蕊先熟。在花开的前三四天中，辐射对称的花中央是密密麻麻的雄蕊，像插满了"棒棒糖"，食蚜蝇、蜂还有甲虫等来访问处在雄性阶段的睡莲花，都会享受一份布满花粉的盛宴。一段时间后，雄蕊没了花粉，绕着花中心的是一池汁液，池底隐藏着扁而圆的柱头。当昆虫照常来雄蕊顶端采集花粉时，雄蕊蜡质光滑的表面取代原先黏质的花粉团。没有了"抓手"，访花者一不小心就滑进了池子。池子中的汁液里含有一种湿润剂，能让世上最轻的蜂类或蝇类下沉。沉入液体中的访花者很快被淹死，身上的花粉脱落，沉积在睡莲的柱头上，完成传粉。

2. 喷射花粉速度远超火箭

你能想象吗，有一种花喷射花粉的速度竟然比火箭发射速度还快几百倍！这就是加拿大常见的御膳橘（bunchberry）。

御膳橘是山茱萸的一种，它最高只有 20 厘米。对于如此"矮小"的植株来说，如何传播花粉，成了一个大难题。而要想最大限度地传播花粉，它必须利用瞬间的爆发力。御膳橘正是这样做的，它喷射花粉的全过程仅有万分之五秒（0.5毫秒）！御膳橘花粉的"闪电喷射"是已知的植物界的最快速度！

科学家们用高速摄像机捕捉了御膳橘弹射花粉的瞬间，发现在起初的 0.3 毫秒中，御膳橘的雄蕊能加速到 2400g 的重力加速度，相当于宇航员在起飞时承受重力的 800 倍。这样的爆发力能将花粉喷射到 2.5 厘米范围的空气中，再借助野外的风吹送至 1 米开外的地方，从而大大提高了花粉繁殖的概率。御膳橘喷射花粉利用了"投石机原理"。起初，四片花瓣是紧紧地抱在一起的，突然，它们闪电般地弹开并立即合拢，在瞬间释放了拉得紧紧的雄蕊花丝。这些花丝相当于投石机的杠杆，花丝的末端则是"投掷物"——一个小小的花粉囊，里面装满了花粉。

除了直接喷射，御膳橘还利用昆虫来传播花粉。像大黄蜂这样的昆虫，都能导致御膳橘开花。花粉会黏在它们的绒毛上，随着昆虫去"拜访"更多的植物，进行交叉授粉。

二、渴不死的植物——植物对干旱的适应

植物体内最多的是水分。一般植物在生长期间所吸收的水量，相当于它自身体重的 300～800 倍。如果一亩地长了 1500 千克白菜，就要消耗 120 万千克左右的水。可是，并不是所有植物都生活在水分充足的地区。生活在干旱地区的植物通过长期的演化已经成功地适应了这种缺水的环境。

有人做过一个有趣的试验：把一棵 37 千克重的仙人球放在室内，一直不浇水。过了 6 年，仙人球仍然活着，而且还有 26.5 千克重。非洲沙漠里的沙那菜瓜被认为是世界上最耐干旱的植物，有人把它贮藏在干燥的博物馆里，整整 8 个年头，它不但没有干死，还在每年的夏天长出新芽。在这 8 年中，仅仅是重量由 7.5 千克减少到 3.5 千克。这种耐旱的本领，在所有的种子植物中无疑是冠军了。

干旱地区的植物都有自己独特的保水抗旱能力，下面让我们了解

一下：

旱生植物的叶子表面增生了许多表皮毛或白色蜡质，以减少水分的蒸发和加强对阳光的反射。例如，沙漠中生活的沙枣，它除了老枝是栗色外，全身其余部分都是银白色，特别是叶子的正反面都有浓密的白色表皮毛（反面更密）；这种叶子还能分泌白色的蜡质，形成薄薄的鳞片，以减少水分的散失。沙枣能在沙漠中顽强地生存下去，因此被作为防沙造林的优选树种。

另外一种变化是叶子的表面积尽量缩小，甚至退化。例如，松树的叶子变成针状，仙人掌的叶子变成刺状，光棍树的叶子退化成鳞片状，等等。叶子变小或退化后，植物还能很好地完成光合作用吗？事实上它们进行得很好。如针形叶，虽然叶的面积大大缩小，但叶的数量却大大增加，结果反而增强了光合作用。仙人掌的茎内含叶绿体，而且体积膨大成肉质状，表皮角质化，这样的茎既可进行光合作用，又可减少水分蒸发。

旱生植物的根系也变得十分发达，如沙棘的根可达地上部分的 $5\sim6$ 倍，能从很深的地下吸收水分。

此外，有些旱生植物从代谢上发展出一套生存策略。如仙人掌、凤梨和长寿花。它们在晚上凉爽时打开气孔，吸收 CO_2 并将其储存起来。到了白天天气炎热，就将气孔关闭，然后利用晚上吸收的 CO_2 进行光合作用。这样既保证了光合作用的需要，又在天热时关闭气孔避免了水分的过度散失。

三、冻不死的植物——植物对寒冷的适应

在喜马拉雅山、天山等高海拔、高寒冷地区，气温极低，空气稀薄，阳光强烈，终年积雪。在这种环境中生存的植物，面临的主要威胁是阳光太强和温度太低。我们看到高山雪莲的叶子紧贴地面，并长有白色絮状表皮毛，这样的叶子既可防止高山疾风吹袭，又能吸收地面热量，防止热量散失，还可反射强烈的紫外线。依靠这种特殊的适应性结构，它们顽强地生活在高山的恶劣环境里。

　　无独有偶，在四川西部、云南西北部和西藏东部海拔 4000～5000 米的流石滩上，有一种身披长长白色绵毛的怪异小草，能在积雪和残冰缝隙中顽强地生存。看它那矮墩墩的、上半截像一堆棉花糖似的模样，很难让人把它与其同族兄弟——生长在新疆天山上的名贵草药雪莲花——相联系，但采药者却都知道它具有某些与雪莲花相似的药效，因此对它格外青睐。植物学家根据这类植物奇特的外形，给它起了一个形象的名字——绵头雪兔子。绵头雪兔子的生活环境非常严酷，它要忍受生长季节中几十个日日夜夜的严寒和强太阳辐射的考验。植物学家经研究发现，它身上的白色绵毛起到了重要的作用。这种毛由死细胞组成，细胞中的原生质体已经解体和消失，取而代之的是纯净的空气。这种充满气体的毛呈现白色，具有很强的反光作用。在晴朗的白天，它们可以保护植物体不被阳光灼伤；而到了寒冷的夜晚，这些密密的绵毛又如羽绒服穿在植物的身上，有效地起到了保持体温的作用。

　　在南美洲中部冻结的沼泽地里，有一种臭菘的花朵冒寒绽开。臭菘为佛焰花序，花期长达 14 天左右，花苞内始终保持着 22℃的温度，比周围的气温高约 20℃。植物学家对这种植物的产热现象进行观察研究，发现它的花中有许多产热细胞，里面有一种酶，能氧化光合产物——葡萄糖和淀粉，释放出大量热能。它的氧化速度惊人，简直可同鸟类翼肌和心肌对能量的利用相比。因此，臭菘的花虽有臭味，却是理想的"御寒暖房"，引诱着昆虫飞去群集。科学家认为，植物产热现象是植物对寒冷环境的一种适应，它改变了局部的小气候，促进花的气味的挥发，招引昆虫前去传粉，使它获得了更多的繁殖机会。

四、咸不死的植物——植物对盐碱环境的适应

　　人们发现，很多植物都无法在盐碱地上生存。把植物组织浸在一定浓度的盐水里，植物细胞就会因失水而发生质壁分离，时间一长就会导致植物萎蔫，细胞死亡。一般来说，当土壤里含盐量超过 1‰以上时，农作物就很难生长，只有少数特别耐盐的盐生植物能够生长。

那么盐生植物到底是如何适应盐碱化土壤的呢？根据研究，人们发现这些咸不死的植物都有自己独特的本领，在抵抗盐碱时能各显神通。

胡杨、柽柳和瓣鳞花等植物的茎叶密布着泌盐腺，在盐碱环境生活时会冒出一颗颗液珠，把从盐碱地中吸收的过多盐分排出体外，好像人出汗一样。瓣鳞花能把吸收的盐分溶解在自身体内的水分中，通过叶子表面分泌出去。等水分干了，盐的结晶会留在叶面上，风一吹便纷纷散落下来。

有些植物能够忍受高浓度盐碱而正常生存，这类植物被称为忍盐植物。它们把根吸收进来的盐分排到液泡（盐泡）里，同时还能阻止盐分再回到原生质里，所以人们又称它们为"聚盐植物"，如碱蓬、盐角草等。由于这类植物细胞里含盐分较多，浓度大，所以能从土壤中吸收到别的植物难以吸收到的水分。或者说土壤里的水分子更容易进入到植物体内。所以，它们是盐生植物的佼佼者。

还有的植物天生就有抵抗盐碱的本领，它们的根不吸收或很少吸收盐分，能把盐分"拒之门外"，这类植物被称为拒盐植物。一方面，拒盐植物的根部细胞中积累有大量的可溶性碳水化合物，以提高渗透压，使根细胞有很强的吸水能力；另一方面，它们的细胞膜对盐分透性很小，犹如一道天然的屏障，把盐分拒之体外，这样根系在吸收水分时，可以不吸收或少吸收盐分，所以不会受到盐的侵害。如长冰草、海蒿等植物就有这种奇妙的本领。

第三章 植物的进化

一、为什么花是红的，果是圆的

我国著名的科普作家贾祖璋先生曾经在其作品《花儿为什么这样红》中从各个角度阐述了花的颜色问题。下面我们节选与植物进化相关的部分来赏析一下：

花儿为什么这样红？从进化的观点来考察，它有一个发展的过程。裸子植物的花是原始的形态，都带绿色，而花药和花粉则呈黄色。在光谱里面，与绿色邻接的，长波一端是黄、橙和红，短波一端是青、蓝和紫。我们可以说，花色以绿色为起点，向长波一端发展，由黄而橙，最后出现红色；向短波一端发展，是蓝色和紫色。红色应是最晚出现的花色，在进化过程中居于顶峰，最鲜艳，最耀眼。

花儿为什么这样红？从达尔文的自然选择学说来看，昆虫起到了重要的作用。"蜂争粉蕊蝶分香"，昆虫采蜜传粉，有一特殊的习性，就是经常只拜访同一种植物的花朵。这个习性可以固定种的特征，包括花的颜色。我们可以设想，假如当初有一种植物，花色微红，由于其中红色比较显著的花朵容易受到昆虫的注意，获得传粉的机会较多，经过无数代的选择，在悠长的岁月中，昆虫就给这种植物创造出纯一、显著、鲜艳的红色花朵。昆虫参与自然选择的作用，造成各种不同的植物，也造成各种不同的花色。

花儿为什么这样红？最后要归功于人工选择。自然选择进程缓慢，需要很长时间才能显示它的作用。人工选择大大加快了它的进程，能够在较短时间内取得显著成果。例如牡丹，由自然选择费了亿万年创造出野生原种，花是单瓣的，花色也只有粉红的一种。经过人工栽培，仅就北宋中叶(11世纪)那个时候来说吧，几十年工夫就由单瓣创造出多叶、千叶(重瓣)、楼子(花心突起)、并蒂等各种不同姿态；由粉红创造出深红、肉红、紫色、墨紫、黄色、白色等各种美丽色彩。

通过贾祖璋先生的分析，我们看出，花的颜色进化也遵循着物竞天择的规律。经过亿万年的演变，花儿们终于形成了姹紫嫣红、色彩缤纷的局面。

那么，为什么大部分水果是圆形的呢？我们也试着用进化的观点来分析一下：

一般认为，因为外表形状是圆球形的，水果所承受的风吹和雨打的力量比较小；另外，圆球形水果的表面积小，水果表面蒸发量也就小，水分散失少，有利于水果果实的生长发育；再者，表面积小使得害虫立足之处少，得病机会也就少了。

相反，如果水果长成正方形，或其他不规则形状，水果表面积大了，就会受到较大的风雨作用力；就会散失较多的水分；就会受到较多害虫的侵袭。这样，它的成活率就低。圆球形水果长大长熟的多，其他形状水果死去的多。经年累月，其他形状的水果被淘汰了，保留下来的水果大多都是圆球形的。这是自然界长期自然选择的结果，正符合"适者生存，不适者被淘汰"的规律。

二、植物的进化历程

1. 植物界中的低等类群——藻类

藻类(图1-16)是植物界的低等类型。它们的体形大小各异，小至

肠浒苔　　海蒿子　　鼠尾藻　　条斑紫菜　　角叉菜

图1-16

长 1 微米的单细胞的鞭毛藻，大至长达 60 米的大型褐藻。它们种类繁多，估计有 1.8 万种，分别属于绿藻类、硅藻类、金藻类、红藻类和褐藻类。藻类主要为水生，地球上的光合作用 90% 由藻类进行，据悉在地球早期的历史里，藻类在创造富氧环境的过程中发挥着重要作用。

别看大多数藻类植物个体不大，但它们的用途可大着呢。从藻类植物中提取的琼脂和角叉胶可用作食品工业中的增稠剂。硅藻遗骸大量沉积水底形成的硅藻土是化学工业上的良好吸附剂和催化剂的原料。有些藻类对周围环境反应非常敏感，可用来监测和预报水质；还有一些藻类成为人类的食物，如海带、紫菜、裙带菜等。

2. 植物登陆的先锋——地衣

我们常常看到裸露的岩石上有一层或绿色或灰白的附着物，这就是地衣(图 1-17)。从地球演化的历史来看，不起眼的地衣起到了先锋作用。它们利用自己分泌的地衣酸腐蚀、分解岩石，经过亿万年坚持不懈的努力，将坚硬的岩石变成松软的泥土，为其他植物的产生创造了必需的条件。

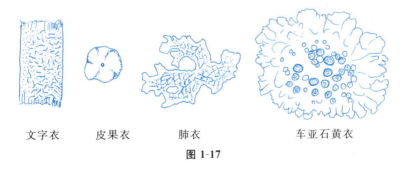

文字衣　　　皮果衣　　　　肺衣　　　　　　车亚石黄衣

图 1-17

目前世界上已知地衣约有 1.4 万种，我国已知地衣约 2000 种，地衣经过长期的演化变得千姿百态、五彩斑斓。从形态上可分为壳状地衣、鳞片状地衣、叶状地衣和枝状地衣四大类型。地衣的色彩更是变化多端，有的白如奶，黑如发，绿如草；有的灰如瓦，黄如杏，褐如茶，红如枣，而每种颜色由淡至深以及各种过渡颜色难以描述。

地衣在我国分布广泛，蕴藏十分丰富，有着极为重要的用途。由于地衣对大气污染特别是对二氧化硫十分敏感，因此，人们常把地衣作为监测大气污染的灵敏指示植物。地衣中含有大量的防腐成分，具有很高的抗菌活性，可以用来提取抗生素类药物。

3. 水生到陆生的过渡——苔藓植物

苔藓植物（图1-18）喜欢阴暗潮湿的环境，一般生长在裸露的石壁上，或潮湿的森林和沼泽地。其受精作用必须借助于水。这使它不能真正摆脱水的束缚。所以在植物界的演化进程中，苔藓植物代表着从水生逐渐过渡到陆生的类型。

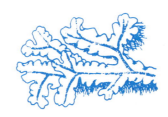

墙藓 地钱

图 1-18

苔藓植物具有重要的生态价值，它们有较强的吸水性，因此能够抓紧泥土，有助于保持水土；由于叶为单层细胞结构，容易吸入空气中的污染物，对周围环境中的二氧化硫等有毒气体特别敏感，可作为环境指示植物；可以积累周围环境中的水分和浮尘，分泌酸性代谢物来腐蚀岩石，促进岩石的分解，形成土壤。此外，苔藓还有独特的美学价值。文人墨客的作品中也常有苔藓的踪影，比如刘禹锡就写下了"苔痕上阶绿，草色入帘青"的名句。

4. 叶子长得像羊的牙齿的植物——蕨类

蕨类植物（图1-19）是高等植物中比较低级的一门，也是最原始的维管植物。现代的蕨类植物的叶子都长得像羊的牙齿一样，因此被学者们形象地称为"羊齿植物"。蕨类植物有根、茎、叶之分，没有花，不产生种子，通过孢子繁殖。通常可分为水韭、松叶蕨、石松、楔叶

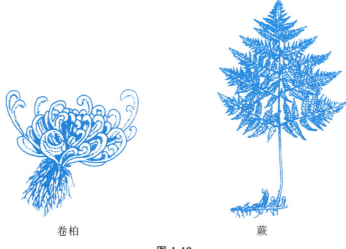

卷柏　　　　　　　　　　蕨

图 1-19

和真蕨 5 个亚门(或纲)，共约 12000 种，我国有 2600 种。蕨类植物在繁殖过程中需要静止的水，新生的植物只能存活在肥沃的地方，所以大多分布于长江以南各省区。多数蕨类植物可供食用(如蕨)、药用(如贯众)或工业用(如石松)。

5. 赤裸着种子的植物——裸子植物

裸子植物(图 1-20)拥有了真正的根、茎、叶，是高度适应陆地生活的一个植物类群。它们的胚珠外面没有子房壁包被，不形成果皮，种子是裸露的，故称裸子植物。据统计，目前全世界生存的裸子植物约有 850 种，隶属于 79 属和 15 科，其种数虽仅为被子植物种数的

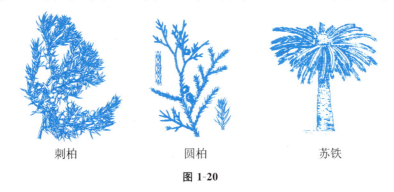

刺柏　　　　　　圆柏　　　　　　苏铁

图 1-20

0.36％，但却分布于世界各地，特别是在北半球的寒温带和亚热带的中山至高山带，常有大面积的各类针叶林，是目前世界上主要的木材来源之一。

6. 美丽世界的缔造者——被子植物

被子植物（图 1-21）是植物界进化最高级、种类最多、分布最广、适应性最强的类群。自新生代以来，它们在地球上占据绝对优势。现知被子植物共 1 万多属，约 20 多万种，占植物界的一半，我国有 2700 多属，约 3 万种。

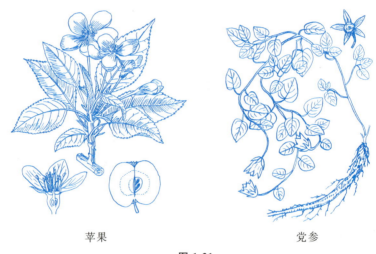

苹果   党参

图 1-21

被子植物有真正的花，故又叫有花植物。被子植物的产生，使地球上出现了色彩鲜艳、类型繁多、花果丰茂的景象，是美丽世界的缔造者。

三、硅化木——树木也能变成石头

在奇石博物馆，我们经常看到硅化木（图 1-22），有时还可以看到硅化玉（图 1-23）。我们不禁对大自然的造化产生强烈的好奇：这些纹理细密、如真如幻的石头是怎么形成的？

硅化木也称木化石，是化石的一种。在数亿年前，由于地壳变迁、地震、火山爆发等自然因素，树木因种种原因被迅速地埋入地下，但

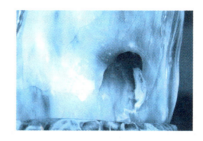

图 1-22   图 1-23

并没有被腐烂分解。在地层中，树干周围的化学物质如二氧化硅、硫化铁、碳酸钙等在地下水的作用下进入到树木内部，逐渐替换了原来的木质成分，保留了树木的形态，经过漫长的石化作用形成了木化石。因为所含的二氧化硅成分多，所以，常常称为硅化木。这种替换作用非常精确，以至于不仅如实体现出外部形状而且还体现出内部构造，有时甚至可以确定细胞构造。

硅化木保留了古代树木的某些特征，为我们研究古植物及古生物史和地质、气候变化提供了线索。硅化木主要是松柏、苏铁、银杏、真蕨、种子蕨等 15 种上古乔木的遗骸。很多国家都有硅化木国家公园。

那些硅化程度高、质地致密坚韧、颜色鲜艳且树皮、节瘤、蛀洞及年轮清晰的硅化木兼有化石之美、奇石之美、玉石之美，也具有古朴、自然的风韵，被看做是凝聚天地山川精气之物。这些光滑圆润、晶莹别透的树化石就是硅化玉。如果再有一些虫眼、小虫、树疙瘩、年轮、孔洞的硅化玉，它的价值就更高了。这些硅化玉，小者可雕琢成装饰件及把玩件，大者可作陈设品及观赏品，有人也用作镇宅辟邪之物。由此，硅化木及其制品不仅能够进入文人雅士的文房、厅堂，也被引进了皇室、贵族的御花园及私家花园，受到人们的喜爱和珍重。

第四章　植物的利用与保护

一、杂交育种的过去与现在

早在 2000 年前，我国劳动人民就采用母马与公驴杂交，得到力气大、耐力强、节省饲料的"役骡"。这就是杂交育种的开始。因为人们发现，马的力气大，但吃得多，耐力也不强，劳动寿命只有 10 年左右。驴的耐力较好，吃得少，但力气小，劳动寿命 15 年左右。而它们的杂交后代——骡却比马和驴都优秀：吃得比马少，耐力更强，力气也大，而且劳动寿命大大提高，可以达到 30 多年。农村有种说法：一个农民有了一匹役骡，可以终生无忧，就是因为它的使用寿命长。

后来人们采用同种农作物的不同品种间作的方法来提高农作物产量。比如用黄色玉米和白色玉米间作，比两者单独分片种植可以提高产量。

真正认识到杂种优势是近代的事。人们发现在农业生产上使用杂交种，比使用连年种植的优良品种有更明显的增产作用。作物表现出生长整齐、植株健壮、产量高、抗虫抗病能力强等特点。人们把这种现象称为"杂种优势"。

杂种优势在农业生产上应用最早最成功的是种植杂交玉米。玉米是雌雄同体单性花的植物。而且雌花在玉米身体中部，雄花在顶部，非常容易区分（图 1-24、图 1-25）。

图 1-24　玉米雌花

首先选一块适于玉米生长的、周围1000 米以内没有种植其他品种玉米的区域（防止自然杂交）。选一个优势品种作母本，另一个优势品种作父本。两个品种间的遗传差异越大，杂种优势越强。在种植的时候，一般每种植 4 行母本，种植 1 行父本，这样反复下去。在快要吐穗时，将母本的雄花抽去（去雄）。去雄这个工作需要很多劳力连续 10 多天的工作。然后等父本吐穗后借助风力传粉，如果遇到阴雨天影响授粉，还要人工授粉。根据农民摸索出的经验，可以在雨后一手抓住雄花，另一手抓住雌花，对在一起蹭几下就可以了。这样可以很大

图 1-25 玉米雄花

程度地减少因为阴雨影响授粉而造成的损失。秋天，将母本上结的种子收获下来，第二年就可以作为杂交种推广了。

在玉米杂交种推广后，人们又把目光投向了其他农作物。人们发现，对小麦、水稻等雌雄花在一起，花又很小的农作物来说，杂交育种是很难实现的。最困难的是如何去雄。因为它的一个穗子有几十朵到上百朵花，一朵一朵地操作，对于一个专业技术人员都是个不小的难题，大面积种植让广大农民去操作就更不现实了。在这个巨大的难题面前，无数科学家退缩了。而我国的袁隆平院士却想到了一条出路。他通过文献发现，植物有个别个体有雄性不育的特点。也就是它们的雄蕊产生的花粉是不正常的，是不能使雌蕊授粉的。袁隆平想：如果让这样的雄性不育个体作母本，与正常父本杂交，不就省去了烦琐的人工去雄工作了吗？理论上可行了，在实践上首先是要找到水稻的雄性不育株。袁隆平通过仔细分析认为，栽培稻种的亲缘关系比较近，不容易获得核质互作的雄性不育株。1970 年秋天，他的助手在海南岛发现了野生雄性不育株。随后他和助手积极进行了 6 年杂交实验，做

了 3000 多个杂交组合，培育出了一个新品种，可这个新品种的稻谷增产效果并不好，稻草却增产了很多。于是有人说：可惜人不吃草啊，要是人能吃草这个杂交稻就有用了。袁隆平认真分析了这种情况后认为，杂交稻有优势是确定无疑的，这就说明传统的水稻不能搞杂交育种的说法是不对的。只是杂种优势体现在了稻草上，我们现在需要做的是让它把杂种优势体现在稻谷上。后来又进行了很多次实验，以雄性不育系作母本、以恢复系作父本，以保持系解决不育系的留种问题。这样，三系法杂交水稻终于培育成功了。继三系法之后，袁隆平和他的攻关小组又研究出了"光温敏型"两系法杂交水稻。现在正在向一系法进军。一系法在制种上可以更大地节约成本，提高产值。这项研究现仍处于探索阶段，其技术上的难度很大，育成一系法杂交稻，将是一个较长远的奋斗目标。

杂交水稻的出现，使世界粮食产量增加了数以千亿公斤，可以多养活 7000 多万人口。每年增产的粮食相当于我国的一个中等产粮省的产量。以袁隆平本人的名字命名的高科技公司"隆平高科"，品牌价值就达 1000 亿元。所以，袁隆平先生不仅为国为民做出了伟大贡献，也用自己的行动证明了科学就是力量，知识就是生产力。

杂交育种作为传统的育种方法，为粮食生产作出了巨大贡献，但它需要年年制种，工作烦琐且费时。杂种自交后代会出现性状分离，原来的优势会逐渐淡化。随着科学技术的发展，尤其是细胞工程、基因工程的兴起，给育种工作带来了新的革命。（本文发表在《中学生物教学》2009 年第 5 期上）

二、植物有望为人供血

人类的血型有多种划分方法，最常见的就是 ABO 血型。为了应对各种突发事件，我们建立了血库，鼓励人们无偿献血。但在紧急情况下血液的供应常常并不充足。有关调查表明，由于种种原因，全国各血库血贮量每年呈下降趋势，而血液的需求量却在上升。于是科学家企图实现用自然界其他生物的体液代替血液为人类输血，或干脆完全替代人类社会大血库。

几年前，日本的山本茂法官意外地发现枕头内的荞麦皮有微弱的AB血型反应。事后经过鉴定：荞麦皮果真显示出AB血型特征。之后，山本茂潜心于植物血液研究。现在，他已对150种蔬菜、水果和500多种植物的种子进行了化验，结果找到了79种植物有血型反应，其中半数呈O型，其余的为A型、B型和AB型，也就是说，植物的血型与人类的血型是类同的。

现在，科学家已经弄清了一些植物的固有血型：桃为A型血；扶芳藤、大黄杨等为B型血；山茶、芜菁等为O型血；荞麦、李子等为AB型血。科学家研究结果表明，这些植物之所以显示出人类的血型特征，是因为它有类似人体内附在红细胞表面的血型物质——血型糖。不同的血型糖便决定了不同的血型。由于植物的血型复杂程度不亚于动物血型，很有可能成为人类社会的天然大血库。

最近，法国科学家克洛德·波严德发现，在玉米、烟草等植物体中含有类似于人类血红蛋白的基因。这表明植物也有造血功能，如果再把铁原子加入其中，就可以制造出人体需要的血红蛋白，而血红蛋白是红血球的重要组成部分。如果这项实验成功，利用植物来制造人体的血液将会变成现实。

植物为人类提供的血液，其实是从植物体内提取的，这就实现了血液的工厂化生产，这样血液制品就会越来越规范，对不同血型的人可以生产出不同的血液，不仅会避免异型血之间输血的免疫排斥问题，也可以避免传染艾滋病等血液传染病。

三、沙棘的生物学特性与开发利用

在广袤的浑善达克沙地，随处可见成片的沙棘林，它们在干旱缺水、冬季严寒夏季炎热的恶劣环境里顽强地生存着。在漫天飞雪的冬天里，繁茂鲜艳的沙棘果成串挂在枝头，经久不落，成为冬季沙漠的一片生机，一道亮丽的风景线。

1. 沙棘的生物学特性简介

沙棘(图1-26)，俗称醋柳，酸刺，属胡颓子科，落叶灌木或小乔木。枝灰色，常有刺，叶线状披针形，被银色鳞毛。春季先叶开花，花极小，带黄色。沙棘雌雄异株，且为风媒花。果实呈广椭圆形，一般分为红色、橘红色、橙黄色、黄色等。主要分布于我国华北、西北和东北地区，是一种适应性强抗旱耐涝，不择土壤、防风固沙的风沙卫士。

图 1-26

2. 沙棘的保土治沙作用

近年来，一次次强度罕见的沙尘暴在每年春季袭击我国华北、东北大部分地区，最远波及韩国、日本。此事引起了世界各国环保人士的关注，这些沙尘暴主要发源地就是蒙古高原，离北京最近的风沙源是浑善达克沙地。由于多年的农业开垦、过度放牧及近几年的严重干旱，导致原本水草丰茂的贡格尔草原和植被繁茂的浑善达克沙地的生态环境严重恶化。据科学家统计，由于开荒种田、超载放牧等不合理的利用，从20世纪90年代开始，我国北方草原整整消失了200万公顷，占草原总面积的30%。现存草原的草场质量也大不如前，处于半沙漠状态。所以草原的保护已迫在眉睫，党中央、国务院在西部大开发战略中，提出了退耕还林、还草的策略，而保护草原、治理沙漠的首选屏障植物是沙棘。

沙棘是一种多年生灌木，有发达的根系，其根系可深达地面高度的5倍，须根横向生长可达5米多，每株沙棘固沙保土面积可达七八十平米，固沙能力之强，是其他乔木、灌木无法比拟的。不仅如此，沙棘还耐干旱、耐瘠薄（图1-27），生存能力极强，栽培沙棘树苗时，每株只需1千克左右的水即可成活，成活后还可通

图 1-27

过种子以及裸露的根系繁殖，能迅速扩大林木面积。所以沙棘是治理我国华北、西北地区风沙的理想植物之一。

3. 沙棘果的营养成分及药用价值

目前已发现沙棘果富含有人体必需的多种维生素和矿物质。其中维生素 C（抗坏血酸）、维生素 E（生育粉）、维生素 A（胡萝卜素）、维生素 K 的含量，几乎居一切果蔬之冠。因此专家赋予它"维生素宝库"的美称。尤以维生素 C 的含量最高，沙棘果中 VC 含量为 800~850 毫克/100 克，高者可达 1500~1700 毫克/100 克，是中华猕猴桃的 2~8 倍，苹果的 20~35 倍，且极为稳定。藏医经典著作《四部医典》（作者玉妥·元丹贡布于公元 773~783 年完成）记载沙棘具有健脾养胃、破淤止血、祛痰、利肺、化湿、壮阴、升阳的作用。唐代藏医古典医著《月王药珍》中记述"沙棘医治'培根'，增强体阳，开胃舒胸，饮食爽口、容易消化"。藏医典《晶珠本草》中称"沙棘利肺止咳，活血化瘀，利心脏血脉，消痰浊"，还称"沙棘种子含微量油质，补益人体血液"。1977 年，沙棘作为中药被列入《中华人民共和国药典》，《药典》中记述："沙棘果表面橙黄色，种子斜卵形，褐色有光泽，种仁乳白色，有油性，气微，味酸、涩，具有止咳祛痰、消食化滞、活血散瘀功能。"

4. 沙棘的开发与利用

沙棘全身都是宝，它不仅能有效保持水土、改善生态环境，而且沙棘果营养丰富，具有很高的开发价值，在医药、保健和食用等方面具有广阔的发展前景。现在，人们根据沙棘的保健和药用价值，开发出的以沙棘为主的各种保健食品、药品别具特色，独树一帜，如以沙棘果为主要原料制成的沙棘汁、浓缩汁、沙棘酒、小香槟、沙棘精、沙棘糖浆和沙棘汽水等饮料以及沙棘果酱、果丹皮、沙棘膏等，人饮服后可舒筋活血，壮身健体，延年益寿；并且有味道独特，芳香可口，老少皆宜等特点，故被誉为新型饮料和保健食品。

当然，因为沙棘果小多刺，不易采摘，给沙棘的开发利用带来了一定的困难。人们目前正在积极采取策略，想办法改变这些缺点，据悉美国已经用沙棘和樱桃杂交，得到了沙棘樱桃，不仅使果实增大了，也使果实更加容易采摘，味道更加鲜美。我国也在探索沙棘的应用问题上投入了很多人力物力，所以，沙棘的应用开发前景还是非常乐观的。（本文曾发表在《生物学通报》2008 年第 9 期上）

四、我国珍稀植物简介

1. 我国特有的蕨类植物——桫椤

桫椤（图 1-28），又叫树蕨，是我国特有的孑遗植物，是目前地球上唯一的木本蕨类植物，具有很高的科考价值和科研价值。我国将其列为一级保护植物，联合国教科文组织将其列为珍稀濒危植物。

图 1-28

桫椤叶似凤尾，形如华盖，植株一般高 4～8 米，赤水保护区内最高的达 10 米。桫椤树的老、中、青三层叶成伞形围于树顶，托出桫椤的雄姿。桫椤树干上布满棕黑色不定根，底部不定根长短不一交织在一起，形成厚厚的"根被"，上面常寄生着小植物和苔藓。驻足观赏，人们会对它曾经繁盛的远古时代产生无限的遐想。

2. 我国特有的裸子植物——百山祖冷杉

图 1-29

百山祖冷杉（图 1-29），属于裸子植物门松科冷杉属的一种常绿乔木，是第四纪冰川期遗留下来的植物，有"植物活化石"和"植物大熊猫"之称，对研究古气候、古地质变迁，以及古生物、古植被等具有重要意义。

　　百山祖冷杉是国家一级重点保护植物。目前自然冷杉仅存五株，其中一株衰弱，一株生长不良。为了抢救百山祖冷杉，林业专家采取了很多抢救性保护措施，他们采集百山祖冷杉种子，进行人工育苗。经过专家们 10 多年的精心管护，目前迁地保护的 11 株百山祖冷杉实生苗株高已达 1.95 米，冠幅 1.3 米，地径 0.5 米，长势喜人。还有专家对百山祖冷杉进行了植物组织培养，希望通过无性繁殖获得大量幼苗，但他们发现，组织培养获得愈伤组织比较容易，再由愈伤组织生根就很难了，专家们还没有探索出更好的办法。所以百山祖冷杉的濒危状态还很严重，有很大的灭绝危险。

　　3. 珙桐——鸽子树

　　珙桐是 1000 万年前新生代第三纪留下的孑遗植物，在第四纪冰川时期，大部分地区的珙桐相继灭绝，只有在我国南方的一些地区幸存下来，成为今天植物界的"活化石"。珙桐是国家 8 种一级重点保护植物中的珍品，为我国独有的珍稀名贵观赏植物，又是制作细木雕刻、名贵家具的优质木材。

　　珙桐枝叶繁茂，叶大如桑，花形似鸽子展翅。春末夏初开花，从初开到凋谢色彩多变，一树之花，次第开放，异彩纷呈，人们称赞它为"一树奇花"。当花盛时，似满树白鸽展翅欲飞，所以有象征和平的含意（图 1-30、图 1-31）。

图 1-30　　　　　　　　　　　　　图 1-31

　　4. 满树黄马褂——鹅掌楸

　　鹅掌楸为落叶乔木，树高达 40 米，胸径 1 米以上。叶外形似鹅掌

（图1-32），秋季叶色金黄，似一件件黄马褂，是珍贵的行道树和庭园观赏树种。新生代冰河时代之前，鹅掌楸曾广布北半球，经过冰河的侵入之后绝大多数灭绝，如今只留下鹅掌楸和北美鹅掌楸这两个间断分布的种类，是著名的姊妹孑遗植物。因而鹅掌楸对古植物学、植物系统学和植

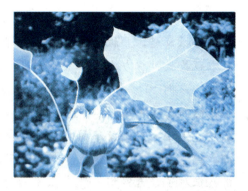

图 1-32

物地理学研究具有极高的科学价值。为国家二级保护植物。在安徽、浙江、江西、福建、湖南、湖北、广西和云南等省零星分布。

5. 我国特有的孑遗植物——银杉

在恐龙繁盛的新生代时，银杉曾经广泛分布于北半球的欧亚大陆。在距今300万年前的冰川期，因为一些地理环境独特的地区没有受到冰川的袭击，从而成为某些生物的避风港。银杉、水杉和银杏等珍稀植物就这样被保存了下来，成为历史的见证者。

图 1-33

银杉（图1-33）是一种松科单型属孑遗植物。对研究松科植物的系统发育、古植物区系、古地理及第四期冰期气候等，都有重要的科研价值。

银杉主干高大通直，挺拔秀丽，可高达24米左右，胸径通常达40厘米，有个别可达80厘米。每当阳光明媚，清风拂叶，它的枝叶就发出闪闪银光，十分迷人，银杉之名便是由此而来的。

6. 著名的活化石植物——银杏

银杏（图1-34）也是著名的活化石植物，特产于中国。由于银杏具

有许多原始性状，对研究裸子植物系统发育、古植物区系、古地理及第四纪冰川气候有重要价值。现在国内广为栽培，早在唐代就由中国传到日本，再传到世界各地。

图 1-34

银杏为落叶乔木，从栽种到结果要二十多年，四十年后才能大量结果，能活到一千多岁。银杏种子为著名的干果，也可供药用；银杏叶含有多种黄酮类化合物，可入药；木材结构细致，为优良用材。

7. 国家一级保护植物——坡垒

坡垒（图 1-35）是产于海南岛的龙脑香科植物，是海南岛热带雨林的代表种。为常绿乔木，株高可达 30 米，胸径达 85 厘米。树皮纵裂，黑褐色。叶革质，椭圆形，较耐阴，成年林木 8～9月开花，翌年 3～4 月果熟。该树木材坚韧耐用，特别耐水渍，不受虫蛀，为海南树种之冠，适作特种工业、工艺及硬木家具等。

图 1-35

坡垒目前现有大树仅数百株。为了保护坡垒，将其列为国家一级保护植物，对现有树种绝对禁伐，此外正选择适当的土地条件，大量繁殖造林。

第二篇　迷人的动物学

　　动物学是研究动物的种类组成、形态结构、生活习性、繁殖、发育与遗传、分类、分布、发展以及其他有关的生命活动的特征和规律的科学。

　　动物学历史悠久，与人类生产活动关系密切。古希腊的亚里士多德曾系统描述了几百种动物，被誉为"动物学之父"。16世纪后，动物学迅速发展，学术著作纷纷问世，其中分类学和解剖学的进展尤为迅速。等到列文虎克发明显微镜后，更推动了微观领域中组织学、胚胎学及原生动物学的繁荣。18世纪瑞典生物学家林奈创立了动物分类系统及双名法，奠定了现代分类学的基础。19世纪30年代德国植物学家施莱登和动物学家施旺提出了细胞学说，使人们对生物体的认识深入到细胞这个微观水平。1859年，英国科学家达尔文在他的《物种起源》里提出了著名的自然选择学说来解释生物进化，推动了动物学的发展。20世纪后逐渐形成了以自然选择学说为核心的现代生物进化理论，更加科学地解释了有关生物进化的问题。

　　20世纪以来，由于学科的相互渗透和科学的不断进步，促成了动物学的飞跃。如今的动物学，已由过去的观察描述阶段，上升到了研究生命活动内在规律实质的分子水平。

　　动物学又可以分为很多子学科，以研究对象划分，可分为无脊椎动物学、原生动物学、寄生虫学、软体动物学、昆虫学、甲壳动物学、鱼类学、鸟类学、哺乳动物学等。按研究重点和服务的范畴，又可划分为理论动物学、应用动物学、资源动物学、仿生学等。

第一章 关于动物的趣闻

一、昆虫趣闻

1. 蚊子的秘密

在漆黑的夜里，蚊子是怎么找到人的？科学家们发现，人类汗液中含有一种特殊气味的化学物质 2-甲酚和 4-甲酚，正是这种化学物质成为蚊子叮咬人类的"引路人"（图 2-1）。有人容易被蚊子叮咬，而有人不易被叮咬，这便与汗液中 2-甲酚和 4-甲酚的含量多少有关。

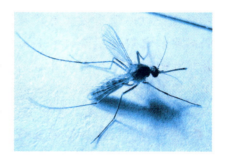

图 2-1

破解雌蚊追踪猎物的机理后，在未来的人蚊战争中，人们可以阻止汗水中这两种物质的散布，达到欺敌的效果；还可以刻意地制造释放 4-甲酚的陷阱，轻易地将疟蚊一网打尽。

为了防止血液在其"吸管"中凝固，蚊子会分泌一种化学物质到吸血部位。这种物质会引起人体被叮部位发痒并发炎，就形成我们一般所说的"包"（图 2-2）。皮肤红肿是人体免疫系统对外来物质（具体说是蚊子唾液中的某些成分）的反应，并不一定要有细菌、寄生虫或有毒物质。即使

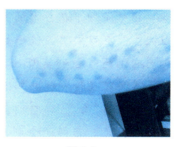

图 2-2

是一只干净、不携带细菌、寄生虫或其他病原体的蚊子，叮人后也会引起免疫反应。

那么为什么秋天的蚊子叮人凶、不怕人呢？原来，一方面到了秋天以后气温会显著降低，渐渐地不再适宜蚊虫生存，只有身体强壮、能量储备充足的蚊子才能躲在温暖的地方挨过整个冬季；另一方面立秋后蚊子大量繁殖后代需要大量营养，不得不拼命吸血获得能量。所以迫于生存与繁殖的需要，蚊子只好"顶风作案"，就算冒着被拍死的危险也要拼命"下口"。因此会形成跟夏天相比，秋后的蚊子叮人更毒的说法了。

2. 蚂蚁的秘密

蚂蚁会种植蘑菇，你相信吗？在亚马孙的热带丛林就有这样一种怪蚂蚁，它们并不直接吃树叶，而是将叶子从树上切成小片带到蚁穴里发酵，然后取食其上长出来的蘑菇。这就是切叶蚁，又叫蘑菇蚁（图2-3）。切叶蚁是热带地区的主要食草动物，它们消耗掉的新鲜树叶占当地树叶总量的20％左右。

图 2-3

由于长期的选择和演化，切叶蚁培育真菌（蘑菇）的行为已经进化成了令人惊叹的本能。它们能够做到在适宜的时候采摘树叶，体形最大的工蚁离巢去搜索它们喜好的植物叶子，利用刀子一样锋利的牙齿，把叶子切下新月形的一片来，然后，背着自己的"劳动成果"回到蚁穴去。在蚁穴里，较小的工蚁把叶子切成小块，然后再切磨成浆状，同时它们还能控制窝里的温度、湿度使之保持适宜。值得称道的是，与人类种植庄稼一样，蚂蚁也懂得施肥，肥料就是它们自己的排泄物。它们还懂得"除草"，它们会将与真菌作物竞争的其他野生菌类的孢子拣出来搬走。它们还会利用和自己共生的细菌制造的抗生素作为"农药"，以抑制有害的野生菌类生长。最后，蚂蚁们将生长成熟的真菌作物采收贮藏。除了在园里劳作的小工蚁以外，还有专门担任警卫工作的兵蚁，它们一旦发现不速之客，个个勇猛异常，用自己强有力的上颚咬住敌人不放。由于这一特性的存在，它们也成了印第安土著外科医生做缝合手术时的好帮手。这些土著医生先将病人的伤口对合，然后操纵兵蚁用其双颚进行"缝合"，最后剪去蚁身，留下的蚁头就会起羊肠线的作用，将伤口缝合得很紧密。

另一种有趣的蚂蚁可以与蚜虫共生。蚜虫（图 2-4）以吸取植物茎中的汁液为生。这些汁液经过蚜虫的消化，就变成一滴滴亮晶晶的粪便，这些粪便叫做蜜露，其中含有丰富的糖和氨基酸，是蚂蚁最可口的食料。只要蚂蚁用触角碰碰这些蚜虫，它们就排出粪便，让蚂蚁享受一点美味。正因为如此，蚂蚁会像人类保护奶牛那样保护蚜虫，常常用叶子或木条把蚜虫围起来，一旦遇到蚜虫的敌人，就用锐利的颚进行攻击，把它们赶走。如果蚜虫被大风吹到地上，蚂蚁还会把蚜虫轻轻叼起来，再放回到植物的茎叶上。每到秋末时节，它们把蚜虫搬回蚁巢中越冬，初春又把蚜虫搬回植物上去寄生，真是地地道道的"放牧者"（图 2-5）。这就像我们人类养奶牛，挤奶喝的情景，没想到蚂蚁也会放牧，大自然真是奇妙啊！

图 2-4

图 2-5

3. 奇妙的昆虫求偶行为

在我国的经济落后地区，至今仍保留着结婚送"彩礼"的做法，男方的经济基础成为女性择偶的首要考虑因素。你可能不知道，在微小的昆虫世界，雌性择偶的标准更加丰富，有些还和人类相似呢！

昆虫交配前的求偶行为，具体有以下几种方式：

利用性外激素求偶　性外激素是由昆虫体表的腺体分泌到体外的

一类挥发性物质，性外激素释放后，会经空气、水等媒介传递到同种异性的感受器，引诱它们前来交尾。若将雌性松叶蜂放入笼中置于田间，可招引来多达 11000 只雄性松叶蜂。现在人们已经能够分离、提纯 80 多种性外激素，人们利用人工合成的性外激素类似物干扰害虫的交尾，从而影响它们的繁殖，达到预防害虫的目的。

聚集求偶　自然界中存在着由多个雄性个体聚集在一起共求偶的现象，如蝉、蟋蟀、螽斯等昆虫的集体鸣叫求偶行为以及蚊虫的群集飞舞求偶行为。在昆虫聚集的求偶场内雌性对配偶有选择性，会从求偶群体中选择一个最优个体。

跳舞求偶　蝴蝶雌雄个体的形态常常表现不同（如翅上花纹等）。许多蝶类雌雄相遇，都必先做一番"恋爱飞舞"，雄蝶必须跳舞求偶才能得到与雌蝶交配的机会，得以繁殖下一代。一般情况下是 1～3 只雄蝶追逐 1 只雌蝶，雌蝶以体力最好的雄蝶为其首选。

鸣曲求偶　昆虫鸣曲主要是为了寻求配偶。通过鸣曲定位，昆虫可准确而快速地确定异性个体的位置，并及时而迅速找到异性个体，进而实现交配。比如蝉，当雄蝉振动翅翼鸣唱时，听觉器官非常灵敏的雌蝉往往就能从很远的地方顺着声响飞去找它。

打鼓求偶　毛翅目昆虫石蛾会用敲锣打鼓来求偶。雄虫的鼓是其腹部的突起，以"肉鼓"击打叶片（草叶、树叶）发出声音。雌虫腹部没有"肉鼓"，但它能接收到雄虫的击打声，于是跟着雄虫的击打声上下移动腹部，击打地面。雄虫听到响声后，会一边循着声音寻找雌虫，一边击打地面。雌虫虽然断断续续地回应雄虫的击鼓声，但却并不移动位置。当雄虫用触角找到雌虫后，便立刻跳到雌虫的背上，把腹部弯曲成 S 形与雌虫交配。

闪光求偶　萤火虫发光非常独特，除一些昼行性的种类外，萤火虫的卵、幼虫、蛹、成虫均能发光，一般认为幼虫的发光具有警戒、恫吓敌人的作用，成虫则利用闪光进行同种个体的辨认和求偶。萤火虫靠准确的闪光密码来吸引异性，传递信息后，进行交配。

"彩礼"求偶　在昆虫求偶过程中存在着求偶喂食行为，即求偶时，雄性个体向求偶对象递送一些礼物。如蝎蛉科昆虫求偶时会先用它那大折刀般的长腿将猎物牢牢抓住，之后将它献给雌性。当雌蝎蛉开始吃食物礼品时，雄蝎蛉便将腹部前伸并与雌蝎蛉腹部末端相接进行交尾。

舍身求偶　在昆虫中还存在着一种更令人称奇的求偶喂食行为，即螳螂的"杀夫果腹"现象。雄螳螂在与雌螳螂交配时会被雌性咬掉头，但雄螳螂的交尾动作不但不会停止反而变得更加强烈。就在雌螳螂专心致志地大吃求偶的雄螳螂时，雄螳螂将精英送入其体内，完成交配。

变性求偶　弱小者为避免求偶时的激烈竞争，往往采取偷袭交配的对策。但一个令人吃惊的对策是性逆转，即借助于性别的转化改变自己的不利处境，以获得生殖上的较大成功。如东印度的白蚁巢中生活着一种蝇类，雄蝇刚成为成虫时到处追逐雌蝇求配。但过不多久却又被其他雄蝇所追逐，原来它发生了性别转化。性别发生转变往往比终生保持一种性别能在生殖上获得更大的好处，因为对改变性别的个体来说更容易得到生殖的机会。

了解昆虫求偶行为的多样性，有助于了解昆虫的生物学、生态学特性以及求偶的进化机制，同时，对有益昆虫的保护和利用、有害昆虫的防御和控制也具有积极的意义。（根据《生物学通报》2008年第9期刘若楠、颜忠诚《昆虫求偶行为方式及生物学意义》改写）

二、鱼类趣闻

1. 会发电的鱼

电鳗是生活在中、南美洲的淡水鱼。它有像鳗鱼一样细长的身体，却属于鲤鱼的同类。电鳗和其他鱼类不同，它依靠发达的臀鳍的摆动，使自己能向前或向后自由游水。它硕大的尾部占了身体的大部分，尾内有发达的发电器官。成鱼能发出 600～800 伏特的强力电流，可电死蛙或鱼然后食用。一些体形很大的动物也会在游泳时不慎被电鳗电到而全身麻痹，以至于被淹死。

2. 会吐丝的鱼

三棘刺鱼是生活在寒带浅海中的一种非常奇特的鱼类。雄鱼能吐丝建巢以保护自己的儿女。每当雌刺鱼要进入产卵期时，雄刺鱼就十分仔细地选择筑巢场所，一般选择在水草间，将草叶围成瓶子状的新房，并迅速从自己的肾脏里分泌并从嘴中吐出黏液，很有序地将这些建材用吐出来的黏液牢牢粘住，建成巢穴，迎接雌鱼进新居产卵。于是雌刺鱼就舒适安全地进入"产房"生儿育女。

3. 能在陆地活动的鱼

在我国生活着一种能够适应两栖生活的弹涂鱼，它们栖息于沿海、河口或红树林等沙泥底质且水流较平缓的区域。体长10厘米左右，略侧扁，两眼在头部上方，似蛙眼，视野开阔。它的鳃腔很大，鳃盖密封，能储存大量空气。腔内表皮布满血管网，起呼吸作用。它的皮肤亦布满血管，血液通过极薄的皮肤能够直接与空气进行气体交换。其尾鳍在水中除起鳍的作用外，还是一种辅助呼吸器官。这些独特的生理特征使它们能够离开水，在陆地上生活较长时间。

弹涂鱼的左右两个腹鳍能合并成吸盘状，吸附于其他物体上。胸鳍肌柄能前后自如运动，起爬行动物前肢的作用，使它能在陆地上像蜥蜴一样活泼运动。每当退潮时，可以在滩涂地区看到弹涂鱼在跳来跳去地玩耍或互相追逐。弹涂鱼的视觉非常灵敏，稍受惊动就很快跳回水中或钻入洞穴、岩缝中。

三、鸟类趣闻

1. 杜鹃的巢寄生现象

世界上约有50种杜鹃在别的种类的鸟窝里下蛋，这是一种巢寄生的现象。其实，杜鹃这样做也有不得已的苦衷：雌杜鹃此举是为了不让孩子被贪食的父亲吃掉，因为凶残的雄杜鹃看见刚下的蛋便吃，也不管是不是自己的孩子。

雌杜鹃为自己的后代找窝是很有技巧的，它们在每个鸟窝只寄养一个蛋，而且善于选择蛋的大小和色泽与自己相类似的鸟种作养父养母的"最佳人选"。一般都是到快下蛋的时候，雌杜鹃便相中一个鸟窝。如果走运，趁窝的主人出去觅食的功夫，它大白天便直接把蛋下到窝里。如果情况不允许，它就先下到地上，再用喙叼着送到"新居"。研究表明，杜鹃的卵几乎没有任何特殊的气味，大小、花纹与亲鸟的卵又非常接近，这使粗心的养母很难分辨出是杜鹃的卵，一旦孵化出来，由于小杜鹃生长快，能抢夺更多的食物，反而使养母的亲生子女得不到喂养而饿死。

千万年来的进化，已经使杜鹃适应了这种巢寄生的生活。雌杜鹃平均每年下 15 枚蛋，一般从 3、4 月下到 7 月，中间间隔的时间很长，这让雌杜鹃有充足的时间为自己的孩子找到合适的养母。即使有个别孩子被遗弃或因其他原因死亡，它们靠自己大量的、间断的产卵也就弥补了这种损失。

尽管雌杜鹃把蛋下到别的鸟窝里，给其他鸟类带来不少损失，可是在消灭森林害虫方面，很少有谁能比得上它。大自然讲究的是平衡，所谓物竞天择，适者生存，就是这个道理。

2. 神奇的织布鸟

织布鸟属于雀形目织布鸟科织布鸟属，共 57 种，常分为假面织布鸟、金色织布鸟等类群。它们的个头像麻雀一样，主要在农田附近的草灌丛中活动，营群集生活，常结成数十只乃至数百只的大群。生性活泼，主要取食植物种子，在稻谷等成熟期，也窃食稻谷。繁殖期间为了大量补充蛋白质也吃昆虫。

织布鸟最令人称奇的当属雄鸟高超的造巢技术。经过漫长的进化，织布鸟形成了令人惊叹的技艺。在繁殖季节，它用草根和细长片的棕榈叶织成一个圈，再不断添进材料，一直到织成一个空心球体，然后再加上一个长约 6 厘米的入口就算完成了。有些种类的织布鸟是一夫多妻制的，雄鸟在一个繁殖季节里要造几个巢穴，以吸引不同的雌鸟。这个对雄性织布鸟来说个个都会的工作，如果让人类完全掌握其中的技巧，大约需要十年时间，由此可见织布鸟造巢技术的高超。

3. 鸵鸟为什么不能飞翔

鸵鸟是现存体形最大的鸟类，体重可达 100 多千克，身高达 2 米多。要把这么沉的身体升到空中，确实是一件难事，因此鸵鸟的庞大身躯是阻碍它飞翔的一个原因。

鸵鸟的飞翔器官与其他鸟类不同，是它不能飞翔的另一个原因。鸟类的飞翔器官主要是由前肢特化成的翅膀、羽毛等，羽毛中真正有飞翔功能的是飞羽和尾羽，这种羽毛由许多细长的羽枝构成，各羽枝又密生着成排的羽小枝，羽小枝上有钩，把各羽枝钩结起来，形成羽片，羽片扇动空气而使鸟类腾空飞起。生在尾部的尾羽也可由羽钩连成羽片，在飞翔中起舵的作用。为了使鸟类的飞翔器官能保持正常功能，它们还生有一个尾脂腺，靠它分泌油质以保护羽毛不变形。能飞的鸟类羽毛着生在体表的方式也很有讲究，一般分羽区和裸区。鸵鸟既无飞羽也无尾羽，更无羽毛保养器——尾脂腺，羽毛着生方式为全部平均分布体表，无羽区与裸区之分，飞翔器官高度退化，想要飞起来是不可能的了。

那为什么鸵鸟的飞翔器官会退化呢？原来，随着鸟类家族的繁盛以及逐渐从水栖到陆栖环境的变化，在适应陆地多变的环境的同时，鸟类也发生了对不同生活方式的适应变化，出现了水禽如企鹅、涉禽如丹顶鹤、游禽如绿头鸭、陆禽如斑鸠、猛禽如猫头鹰、攀禽如杜鹃和鸣禽如喜鹊等多种生态类型，而鸵鸟是这多种生态类型中的一种——走禽的代表。长期生活在辽阔沙漠，使它的翼和尾都退化，后肢却发达有力，使其能适应沙漠奔跑生活。如果鸵鸟的老祖宗硬撑着在空空荡荡的沙漠上空飞翔，而不愿脚踏实地在沙地上找些可吃的食物，可能早就灭绝了。

4. 燕子为什么要南飞过冬

燕子是一种候鸟。冬天来临之前的秋季，它们总要进行每年一度的长途旅行——成群结队地由北方飞向遥远的南方，去那里享受温暖的阳光和湿润的天气，而将严冬的冰霜和凛冽的寒风留给从不南飞过冬的山雀、松鸡和雷鸟。

表面上看，是北国冬天的寒冷使得燕子离乡背井去南方过冬，等到春暖花开的时节再由南方返回本乡本土生儿育女、安居乐业。果真如此吗？其实不然。原来燕子是以昆虫为食的，且它们从来就习惯于在空中捕食飞虫，而不善于在树缝和地隙中搜寻食物，也不能像松鸡和雷鸟那样杂食浆果、种子和在冬季改吃树叶（针叶树种即使在冬季也不落叶）。可是，北方的冬季是没有飞虫可供燕子捕食的，燕子又不能像啄木鸟和旋木雀那样去发掘潜伏下来的昆虫的幼虫、虫蛹和虫卵。因此，食物的匮乏使燕子不得不每年都要来一次秋去春来的南北大迁徙，以得到更为广阔的生存空间。燕子也就成了鸟类家族中的"游牧民族"了。

四、哺乳动物趣闻

1. 关于老鼠的一些知识

老鼠（图 2-6）是人们最熟悉的动物之一，当想到它啃噬家具、糟蹋粮食时，人们对它痛恨无比；当想到它聪明机智、活泼可爱时，又对它有了一些喜欢。对生物科学研究者而言，老鼠是不可多得的实验材料，它因为容易饲养、繁殖迅速、和人亲缘关系较近，受到研究人员的青睐。

老鼠的前牙每年长 20.5 英寸到 25.5 英寸。如果不让它们磨牙，它们就会因为牙的疯长而无法张口吃食。所以，为了使自己的牙保持一个合适的长度，老鼠只得不断啃咬接触到的一些硬东西，包括水泥、砖、木头、电线等。

图 2-6

老鼠的繁殖能力极强。一只雌老鼠在 6 个小时的交配期内，可以和不同的雄老鼠进行多达 500 次的交配。如果遇到食物充足，空间足够的理想环境，一只老鼠一年要怀 8 次胎，俗话说：一公一母，一年三百五。

老鼠行动机警灵活，怕人，活动鬼鬼祟祟，出洞时先用两只前爪在洞边一趴，左瞧右看，确认安全方才出洞，它喜欢在窝——食物——水源之间建立固定路线，以避免危险。对它熟悉的环境改变一部分，会立即引起它的警觉，经反复熟悉后才敢继续前进。如果在某处受过袭击，它会长时间回避此地。而且，老鼠之间能够传递信息，用捕鼠器捉住一只老鼠后，其余的老鼠一得到信息，就再也不会靠近捕鼠器了。

老鼠适应环境的能力极强。一只老鼠能在水中活3天，所以它是不会在厕所里被淹死的。在沙漠等干旱地区的老鼠，可以长时间不喝水，有的种类甚至可以终生不喝水，仅靠食物中的那点水来维持生命。老鼠从50英尺高的地方跌落，着地后居然毫发无损。它们什么东西都吃，从五谷、蔬菜、植物根块，到肉类、皮骨甚至人类的皮鞋、纽扣。即使是毒如蛇蝎，它们也照吃不误，在世界上许多地方，都发生过群鼠与毒蛇相斗，最后咬死毒蛇，吞食蛇肉的景象。

老鼠免疫力也特别强。很多医生都知道，许多能致人及其他动物于死地的凶猛的病菌和病毒，却连老鼠的皮毛都不能伤及——这就是为什么老鼠生活在那么肮脏污浊的环境中，却很少患病的原因。

老鼠是和人一样的高等动物，从进化程度上说，老鼠并不比人差，它们与人有99%相同的基因。老鼠也是一种高智商动物，在遇到人类设置的种种意在夺取它们性命的"陷阱"时，所表现出来的成熟和机巧，甚至超过了8岁的儿童。有人认为，如果由于环境污染和破坏，导致人类灭绝了，未来世界的统治者很可能是老鼠。

2. 狗的嗅觉

人类的嗅觉相当敏锐，在1立方米的空气中，只要有1/10000毫克的人造麝香，人就能嗅出来，而且人能嗅出2000～4000种气味。我们可以为自己的出色表现自豪了吧？其实不然，在动物界，比我们嗅觉灵敏的动物有很多，比如狗，它们的嗅觉比人类高出10000倍，能分辨大约200万种不同的气味，而且，它还具有高度的"分析能力"，能够从许多混杂在一起的气味中，嗅出它所要寻找的那种气味，是鼻子最灵敏的动物之一。所以，有人说狗是一种靠鼻子过日子的动物。

狗的鼻子究竟有什么特殊之处呢？其实各种动物鼻子的构造大致相同，鼻腔上部有许多褶皱，褶皱上有一层黏膜，黏膜里藏着许多嗅觉细胞，黏膜分泌出来的黏液润湿了这些嗅觉细胞，具有气味的物质分子溶解在黏液里，就会刺激嗅觉细胞，嗅觉细胞向大脑嗅觉中枢发出信号，于是就有"味"的感觉。狗的鼻子的特殊之处就在于它的嗅觉细胞的数量和质量都比其他动物胜过一筹，所以它对各种气味辨别的本领也就比其他动物高强多了。

几千年来，人类正是利用狗的敏锐的嗅觉去打猎和追踪敌人的！宠物犬能从120千米以外，靠气味回到家中；人们利用警犬特灵的嗅觉侦破了许多形形色色的案件。近年来，科学家从狗的的嗅觉得到启发，仿造出"电子警犬"，其分辨力和分析力丝毫不亚于狗的鼻子。随着人类对狗的鼻子更深入的了解，狗的灵敏嗅觉将在人类的生活中发挥更大作用。

3. 蝙蝠是鸟还是哺乳动物

动物界常有许多怪事，像鱼的鲸不是鱼，善于水中游泳的企鹅却是鸟，无翼不能飞的鸵鸟是鸟，而有翼能飞的蝙蝠却不是鸟。

为什么蝙蝠不是鸟呢？原来，蝙蝠虽然有由前后肢和尾之间的皮膜连成的翼，胸骨和胸肌都很发达，能像鸟类那样展翼飞翔，但它不是鸟类而是哺乳动物。因为蝙蝠的体表无羽而有毛，口内有牙齿，体内有膈将体腔分为胸腔和腹腔，这些都是哺乳动物的基本特征。更重要的是，蝙蝠的生殖发育方式是胎生哺乳，而不像鸟类那样卵生。

4. 哺乳动物对工具的使用

海獭可以做一件我们一度认为只有人类才会做的事：利用工具来达到某项目的。它用前肢捧着一个贻贝，再把那贻贝敲在它后肢抱着的石块上，由于手脚并用无法游泳，它就仰卧在水面上。要把一个贻贝打开，通常要猛敲30多次。为了贪图口腹之快，海獭做这件事非常有耐心。吃完一个，它会把那块石头挟在腋下，潜入水里再找另一个贻贝，然后以同样的方法把它打开。

一种生活在非洲森林里的猴子，会将一种拥有超厚果皮的核果采集起来，扔在一个固定的地方，让它的外皮腐烂变软，一两年后再搬回去，用巨大的石块将核果砸碎，吃掉里面的种子。这种猴子的体重虽然只有十几斤，却能搬起相当于自身体重两倍的石块去砸核果。

黑猩猩是最聪明的动物之一，它们有着很强的学习能力。在一个自然保护区里，人们经常给黑猩猩投放红薯，开始它们不管是否干净拿起来就吃。直到有一次，一只黑猩猩在拿走红薯时不小心将它掉在了水坑里，它发现，再捡起来吃的时候，红薯上竟然少了很多泥土。经过这样的几次偶然，一只聪明的黑猩猩养成了将红薯洗洗再吃的习惯，其他黑猩猩也纷纷模仿。不久管理人员就发现，保护区里的黑猩猩都养成了将红薯洗净再吃的习惯。黑猩猩不但会用现成的工具，而且会自己制造工具，它们甚至已经学会了"琢磨"工具。丛林里的黑猩猩经常吃一种坚果，它们会在裸露的树根或石块上找一个大小相当的坑，把坚果放进去后，再找一块大小适宜的石头，用适当的力气，既能恰好砸破果核，又不会将果仁砸得粉碎。据科学家观察发现，小猩猩要将这一"技术"掌握好，要不断地向父母和同类模仿、学习，大约需10年才能砸得恰到好处，这还真不是一件容易的事情。

五、动物之最

1. 最长寿的昆虫

1979年的夏季，从美国的北卡罗来纳州到纽约，每天晚上都有无数的暗色小虫子从地下飞出来，这就是十七年蝉。它们1962年出生后在地下生存了17年，然后到地面上来举行"婚礼"。它们飞到竖立着的目标上，如树木、电线杆和建筑物等，雄蝉发出欢乐喧闹的叫声，吸引雌蝉前来交配。

绝大多数的昆虫，只有一年或更短的生活史，一般的蝉只有3年至9年的生活史，而这种十七年蝉，在地下生活的时间有17年，使它获得了"最长寿昆虫"的头衔。

2. 最大和最小的蝴蝶

凤蝶是最大的蝴蝶，也是最美丽的蝴蝶。凤蝶翅上有红、黄、蓝、黑、白各种颜色，五彩缤纷，并构成美丽的斑纹，发出金属的光泽。世界上最大的蝴蝶是南美凤蝶，体长90毫米，翅展270毫米，与中等体形鸟类的翅展相当。我国最大的凤蝶翅展达150毫米。

最小的蝴蝶是小灰蝶，翅展 16 毫米。小灰蝶雌雄体色不同，雌蝶通常呈暗色，雄蝶常具有翠、蓝、青、橙、红、古铜等颜色的金属光泽。这类蝴蝶翅膀的正面斑纹比较平淡，而翅膀的背面却色彩丰富，远较正面突出。1983 年 6 月，我国昆虫学家马恩沛，在云南西双版纳勐养大象自然保护区的原始森林里采到一种小灰蝶，翅展长度仅 13 毫米，创造了最小的纪录。

3. 最小的鸟

蜂鸟是世界上最小的鸟类，"以其微末博得盛誉"。其大小和蜜蜂差不多，身体长度不过 5 厘米，体重仅 2 克左右，主要分布在南美洲和中美洲的森林地带。由于它飞行采蜜时会发出类似蜜蜂的嗡嗡声，因而被人称为蜂鸟。蜂鸟种类繁多，约有 300 多种，羽毛也有黑、绿、黄等十几种颜色，十分鲜艳，所以有"神鸟""彗星""森林女神"和"花冠"等称呼。

蜂鸟也是世界上拍翅最快的鸟类，每秒达 50～75 次。飞行的速度很快，时速可达 50 千米，高度有四五千米。人们往往只听到它的声音，看不清它的身影。

4. 现存最古老的哺乳动物

鸭嘴兽（图 2-7），又称鸭獭，是现存最原始的哺乳动物。属哺乳纲，单孔目，鸭嘴兽科。栖于澳大利亚东部和塔斯马尼亚的湖泊和溪流中。鸭嘴兽体长 60 厘米，全身密被浅黄至深褐色的软毛。身体短粗，尾扁阔似海狸尾。吻灵活敏感，主要用于在水

图 2-7

下淤泥中挖掘甲壳类、软体动物、蝌蚪和蚯蚓为食。

鸭嘴兽的身体构造为哺乳类是由爬行类进化而来的这一言论提供了许多证据。它好多地方与鸟类或爬行类相似，比如它的嘴很像鸭子嘴，脚上有蹼和趾，口中没有牙齿的特征很像鸟类；体温很低并且在短时间内温度能上下浮动好几度，这一点又很像爬行类；它还有泄殖

腔、卵生、幼胚借卵黄的滋养而成长等特征，就更像鸟类和爬行类。鸭嘴兽是一种已经生存了 2200 万年的最古老的动物，现在仍在继续适应和进化的途中，具有巨大的生物学意义。

直到 20 世纪初，鸭嘴兽还因为皮毛珍贵而被人猎杀，后来由于实行保护政策，使它脱离了灭绝的危险。现在已经成为澳大利亚的象征，常作为全国性活动的吉祥物。

5. 最大的有袋动物

世界上现有 250 种有袋动物，其中 170 种产于澳大利亚及其附近岛屿。澳大利亚出产的有袋动物，几乎适应该国的每一处生境，所以澳大利亚也被称为"有袋类之国"。

在有袋动物中，最大的要数大袋鼠了。成熟的雄性，站起来可超过 2 米，比一般的人还高；体重将近 90 千克，也比一般人重；从鼻尖至伸直的尾巴直线长度为 2.7 米。大袋鼠在野外靠后肢跳跃，所以后肢高度发达，约为前肢的 5～6 倍长。前肢平时不落地面，只有在吃草时才着地，所以变得细短。它用力一跳，能够跳过 2 米高的篱笆或 7 米宽的壕沟。大袋鼠有一条粗长的尾巴，最长的可达 1.3 米。休息时，它们用后肢和尾巴支持身体，构成"三条腿"，十分稳定；跳跃时，长尾巴就像直升机的舵一样，保持身体平衡。

6. 最大与最重的动物

自古以来，地球上最大、最重的动物，不是曾经称霸地球的恐龙，而是生活在海洋中的蓝鲸。据记载，最大的一头蓝鲸，体长达 34 米，体重为 170 吨。把它的肠子拉直，足有 500 米长；一根舌头就有 3 吨，相当于半只大象的重量。蓝鲸的力气极大，大约相当于一台中型火车头的拉力。大的蓝鲸，肺有 1000 多千克重，能容纳 1000 多升的空气，可以不必经常浮到海面上来呼吸。

7. 世界上最高的动物——长颈鹿

长颈鹿是陆地上最高的动物。最高的雄长颈鹿身高可达 6 米，脖子长达 3 米。长颈鹿和其他动物的脖子椎骨数量相同，只有 7 块，只是它们的椎骨较长。

　　长颈鹿的长脖子引发了生物学家对生物进化的争论。拉马克解释说，长颈鹿的祖先生活在非洲草原上，遇到干旱季节，它们为了吃到树顶的树叶，就努力伸长脖子，经过努力，这个长颈鹿的脖子伸长了，而它的长脖子变异是可以遗传的，于是它的下一代也拥有了长脖子，再遇到干旱，它们再努力伸长脖子吃树叶，脖子又伸长了一些，这种变异逐渐积累并遗传下去，就形成了今天的长颈鹿。这就是获得性状能够遗传的理论。达尔文则认为，长颈鹿的祖先存在着差异（变异），有脖子长一些的，也有脖子短一些的。遇到干旱季节，干旱的环境选择了脖子长这种变异，使它们在生存斗争中获得胜利生存下来；脖子短的类型则由于吃不到高处的树叶而饿死（被淘汰）了（图 2-8）。脖子长的后代还可以产生变异，有脖子更长的类型，也有脖子较短的类型，脖子更长的类型在更严重的干旱环境中生存了下来，其他的被淘汰了。经过一代又一代的自然选择，就形成了今天的长颈鹿。今天人们普遍认为达尔文的解释是正确的，拉马克的获得性状能够遗传的说法是错误的。

图 2-8

第二章　动物对环境的适应

一、动物的捕食

1. 蛇的"热眼"功能

蛇的视力很差，属于高度近视。它们却能在黑夜里及时发觉并准确捕获几十米外的田鼠、青蛙、蜥蜴等猎物。

科学家们证实，这是因为蛇能借助眼睛与鼻子之间颊窝进行"热定位"的结果。蛇天然具有红外线感知能力，其舌上排列着一种类似照相机的装置，使其能"看"到发出热量的动物。而人类只有戴上特殊护目眼镜才能探测到红外线。

2. 鳄鱼的伏击和吞食

鳄鱼（图 2-9），属脊椎动物爬行纲，入水能游，登陆能爬，体胖力大，被称为"爬行类之王"。

成年鳄鱼经常潜伏在水下，只有眼睛露出水面，就这样静静地等待猎物的到来。虽然它用肺呼吸，但可以在水下潜伏 20 分钟才呼吸一次，所以隐蔽性极好。它们是真正的伏击高手，

图 2-9

可连续潜伏十几个小时，甚至可以这样等待几天或近几十天，直到猎物到来，而且只有当猎物到达它的攻击范围内才会突然冲出去捕食猎物。

鳄鱼虽长有看似尖锐锋利的牙齿，可却是槽生齿，这种牙齿脱落下来后能够很快重新长出，但不能撕咬和咀嚼食物。但它那坚固长大

的双颌却能像钳子一样把食物"夹住"然后囫囵吞咬下去。所以当鳄鱼捕到较大的陆生动物时，它不能把它们咬死，而是把它们拖入水中淹死，或与其他同类合作，每个鳄鱼咬住一大口肉进行旋转，将肉拧下来吞掉。相反，当鳄鱼捕到较大水生动物时，又会把它们抛上陆地，使猎物因缺氧而死。在遇到大块食物不能吞咽的时候，鳄鱼往往用大嘴"夹"着食物在石头或树干上猛烈摔打，直到把它摔软或摔碎后再张口吞下，如还不行，它干脆把猎物丢在一旁，任其自然腐烂，等烂到可以吞食了，再吞下去。正因为鳄鱼的牙齿不能嚼碎食物，所以"上帝"又让它生长了一个特殊的胃。这只胃的胃酸多而且酸度高，使鳄鱼的消化功能特好。此外，鳄鱼也和鸡一样，经常吃些沙石，利用它们在胃里帮助磨碎食物促进消化。

3. 蝙蝠的回声探测器

蝙蝠发射超声波主要是为了探测食物的方位。它们使用的声波频率通常高达 40000～300000 赫兹，波长为 1～3 毫米。

以几乎静止不动的小型的对象为食物的蝙蝠（即吃停在树上的昆虫或水果、浆果之类的蝙蝠种类），觅食所用的声波相对较低、频率恒定，约为 150000 赫兹。

而在飞行中捕食猎物的蝙蝠不光要确定猎物的方位，还要测定猎物的移动速度，于是它们都善用频率不断变换的声音信息。食虫蝙蝠常将自己的身体倒挂在树或岩壁上，而它们的嘴却不停地向四面八方旋转，每秒钟发出 10～20 个信号，每一信号包含 50 个声波振荡，起始频率与结束频率分别为 90000 赫兹和 45000 赫兹，使两种不同的频率在一条信息中出现。蝙蝠通过测量与定位信号波长相关的回声声波变化来给飞行中的猎物定位定向。猎物迎面飞来，蝙蝠就会收到如同被猎物压缩了由长变短的反射声波，猎物飞行速度的快慢与反射声波波长压缩的程度成正比。倘若猎物远去，则蝙蝠收到的回声的波长会变大，速度越快，听到的回声频率也就越低。

爱吃鱼的蝙蝠的回声探测器不仅能在空气中工作，甚至对水也有极强的穿透力。它们紧贴水面飞行，并向水中发送信号。按理说声音信号只可能部分地从水面反射回来，且大部分回声会在空气中消散，此外，含有80％水分的鱼体与水的传声特性非常接近，蝙蝠的声波几乎不可能从鱼体上反射回来。可是鱼体内的鱼鳔（俗称鱼泡）充满空气，这可帮了蝙蝠的大忙。与其说是蝙蝠通过鱼鳔探测到了鱼的准确方位，倒不如说是鱼鳔这一暗藏在鱼体内的"内奸"出卖了鱼。

二、动物的逃生

1. 逃跑

蛾是常见的鳞翅目昆虫。它的后胸两侧各有一个鼓膜，分别和两个感受器相连。当蝙蝠距蛾还有30多米，还没有发现蛾的时候，蛾的鼓膜已经接收到蝙蝠的超声波而发生振动，鼓膜内的感受器兴奋，产生神经冲动传入脑中。脑部的神经中枢就会发出指令，使蛾尽快朝远离蝙蝠的方向飞走，以逃避敌害。如果逃跑没能成功，蛾还能作最后一搏，它根据左右两侧鼓膜所接受的声波刺激的强弱不同，判断蝙蝠在自己身体上下左右的方位，使自己和蝙蝠作同一方向飞行。这不是在和蝙蝠赛跑，因为它飞不过蝙蝠。蛾是要作大转圈飞行，或飞快俯冲落入树丛或草地隐蔽起来，有了杂草和树丛的干扰，蝙蝠就无法准确定位了，蛾也就成功地躲过了一劫。

2. 隐蔽

隐蔽是动物逃避敌害最常用的方式。

只要我们细心观察就不难发现，很多动物的身体颜色总是和环境色彩非常接近，这种现象被称为保护色。最典型的例子就是变色龙了，它的体色可以随着环境色彩的变化而变化。在草丛里的青蛙，多数是绿色的，这样可以尽量不被蛇等天敌发现；而在田地里的青蛙，则是黑灰色的，这比较接近泥土的颜色，也不易被敌害发现。

除了拥有保护色外，有些动物还能隐匿自己的行踪。例如，阿氏天蛾的幼虫在夜间以咀嚼式口器嚼食树叶，天亮时它们会把树叶从叶柄基部咬断，这就消灭了自己的踪迹，使鸟类无法找到它们；另一种夜蛾的幼虫也于夜间嚼食树叶，但天亮时不咬断树叶，而是迁移到较远的树丛深处。这两种办法都能起到逃避敌害的效果。

3. 装死

对很多植食性动物来说，如果既没有逼真的伪装，又没有快速逃跑的能力，也不会挖洞躲藏，那么在遇到危险时，装死就成了一种行之有效的求生术了。

我们常见的很多甲虫会这种本领。在它们爬行的时候，我们用树枝轻轻地碰它们一下，它们或立即静止不动，或马上卷作一团，几分钟都一动不动，就像死了一样。我们当然很轻易地就明白了它们的意图，但对鸟类来说，这种装死是很有效的。很多鸟类不吃死的东西，只吃会动的，看到甲虫一动不动，它们就认为它是死的，转身去寻别的猎物了，于是这只甲虫就逃过了一劫。

负鼠（图 2-10）是哺乳动物中最擅长伪装的，它在遇到突如其来的袭击以至于无法逃生脱险时，就会装死以求保全性命。它在即将被擒时，会立即躺倒在地，脸色变淡，张开嘴巴，伸出舌头，眼睛紧闭，肚皮鼓得老大，呼吸和心跳中止，身体不停地剧烈抖动，做假死状，使追捕者一时产生恐惧感，不再去捕食它。如果这样

图 2-10

还不足以迷惑对方的话，负鼠会从肛门旁边的臭腺排出一种恶臭的黄色液体，这种液体能使对方更加相信它已经死了，而且腐烂了。此刻，当追捕者触摸其身体的任何部位时，它都纹丝不动。大多数捕食者都喜欢新鲜的肉，因为动物死亡后身体会腐烂，还会生出蝇蛆等，所以它们对已经死亡的动物会置之不理。等敌害走远后，负鼠就会从"装死"的状态恢复过来。

过去，有人曾认为负鼠的"装死"并非骗术，而是它们的胆子太小，在大难临头时真的被凶神恶煞的猛兽吓昏过去了。科学家们运用电生理学的原理对负鼠进行活体脑测试，揭开了这一谜底。针对负鼠身体

在不同状况下记录在案的生物电流的数据分析，得出的结论是，负鼠处于"装死"状态时，它们的大脑一刻也没有停止活动，不但与动物麻醉或酣睡时的生物电流情况大相径庭，甚至大脑的工作效率更高。看来，负鼠的"装死"真的是装的。

三、沙漠动物的觅水妙法

在干旱的沙漠里，水是动物生存的先决条件。谁能用最少的水坚持最长的时间谁就是赢家，谁能从同样干旱的环境里摄取到水，谁就能在这里生存。沙漠动物的生存竞争是围绕着水展开的。也正是在这种恶劣的环境下，动物通过长期的进化逐渐形成了自己独特的取水方式，使它们能够在这种严酷的环境里生存下来。

1. 从空气里吸水

在澳洲荒漠上，小蹼鼠就能够从洞穴湿润的空气里吸收水分。这种可爱的小动物是靠食用各种植物的种子维持生计的，可小蹼鼠在觅食过程中得到干燥的种子之后，并不急于马上吃掉，而是将种子装进它那特殊的颊袋中运回洞穴里。这些沙漠中干燥的植物种子的渗透压竟有 $400\sim500$ 个大气压之高，足以将洞穴中的哪怕一丁点儿水分都统统吸收进来。在种子吸收了足够的水分以后，小蹼鼠才将它们吃掉。这样不仅获得了食物中的营养，也得到了一些珍贵的水。

2. 收集晨雾中有限的水

在澳大利亚的沙漠里还有一种浑身长刺的蜥蜴。在一般人看来，它身上那些小倒刺和突起物是专门对付食肉动物的防身武器，可谁承想到它还有特殊的蓄水功能。其实，仔细观察，我们会发现蜥蜴皮肤的角质层是呈覆瓦状的，温度比身体内部低，尖刺就是一个个伸入雾中的凝聚点，雾中的水汽会随着尖刺汇集，然后随着一排排看起来杂乱无章其实又非常有序的水沟汇集在一起。水分在身体表面汇集后，朝向它的头部流动的，一直流到毛细管网络汇合成的两个多孔小囊里。这两个小囊长在蜥蜴的嘴角两侧，是一对绝妙的水分收集器，蜥蜴只要动一下颌部，水滴就会自动冒出来。所以，每天清晨天刚刚发亮的时候，蜥蜴就早早地起床到外面吸收水汽了。

3. 通过代谢获得水

荒漠上生存的所有动物都有一种自身造水的本领，有的动物可以终生不喝水而只靠食物中的营养进行代谢产生的水。有的动物体内储存了大量脂肪，在食物短缺时，通过分解脂肪不仅可以获得能量，还能产生水被机体吸收利用。骆驼可在驼峰里储存110～120千克脂肪，所以骆驼可以连续40天不吃不喝。肥尾羊、狮子、鸵鸟、巨蜥等动物也可以在尾部储存一定量的脂肪以备急需。

四、动物间的信息传递

1. 奇妙的生物信息素

很多生物都能向外界环境中释放某些化学物质，这些物质能起到在生物之间传递化学信息、相互交流的作用，它们就类似于人类的语言，对于很多生物的摄食、避敌等起着非常重要的作用。在农业生产上，人们也经常利用生物信息素干扰有害昆虫的交尾，从而影响它们的繁殖，达到既控制了害虫，又避免了因大量使用农药造成的环境污染。

"鲜花泌蜜惹蜂飞，蜂飞不紊有条规，条规遵行多巧妙，巧妙原因究靠谁？"相传这是鲍叔牙写的古代吟蜂诗，能够反映出蜜蜂这个群体的生活是严密有序、有条不紊的。在研究蜜蜂和蚂蚁等营社会性生活的昆虫时，人们发现它们能释放多种信息激素。在一窝蜜蜂里，蜂王负责产卵繁殖，工蜂负责劳动。工蜂又有不同的分工：有负责外出寻找食物的，有负责清理巢穴的，有负责保卫的……当敌害来临时，保卫工蜂就会在自己向敌害发起进攻的同时释放一种"告警信息激素"，促使其他蜜蜂都向"侵略者"发动进攻；觅食工蜂在发现了蜜源以后，除了跳"8"字舞来告诉其他工蜂蜜源的方向以外，同时还会释放一种叫做"追踪信息激素"的物质，使其他工蜂跟着自己去采蜜；在一个蜂场里会养很多箱蜜蜂，它们是怎么找到自己的家的呢？原来，每一个蜂王都会分泌一种特殊的被称为"聚集信息激素"的物质，这种物质飘散在蜂箱周围的空气中，这个蜂王的子民能够识别出来，其他蜂王的子民则对它不敏感。

很多昆虫还能分泌性信息素，又称为性诱剂，性诱激素。这是一种由成虫腹部末端或其他部位的腺体所分泌的、能引诱同种异性昆虫前来的激素。这种激素排到体外后对同种动物的异性个体发生强烈生理作用。性信息素仅需极微量就有强烈的生理活性。目前已有若干种性诱激素的化学结构被阐明，大多属于酯类、醇类和有机酸类。现在已经能够用人工合成的性信息激素作为性引诱剂，与诱蛾灯或杀虫剂相结合以防治害虫。这种方法具有用药量极少、不会污染环境、对人畜安全等优点。

2. 海豚的语言

海豚(图 2-11)是通过声音信号与同类进行沟通、联络的动物。它们的声音信号反应，可能是世界上最接近于人类语言的动物语言。科学家们曾做过这样一次有趣的实验。首先让两只养在同一水池里的海豚学会了一种技巧，即当它们看某一图案时就会条件反射地去推压左侧的装置，而见到另一图案时又会推压右侧的装置。在这之后，科学家们用隔板将水池一分为二，使圈在水池右半部的海豚能看到图案却无法触及相应的装置，圈在池子左半部的海豚能触及装置却又看不见

图 2-11

那幅刺激它推压装置的图案。然而水池隔开不久之后就出现了奇迹：左半部那只海豚居然能在没见到图案的情况之下，准确无误地推压装置。这一事实表明：右半部水池里的海豚已经通过声音信号将图案展示的品种及时间这样复杂的信息准确无误地传达给了同伴。

3.动物如何进行领地标识

在自然界里，虽说天大地大，但生物种类太繁盛了。每个物种都有自己独特的生存需求，这种需求的最大竞争对手不是别的物种，而是和自己同种的其他个体。所以，除了那些群居动物以外，每种动物都有自己的领地。那么动物们如何向同类告知自己的领地范围呢？

很多鸟类不但靠鸣曲求偶，也通过鸣曲告知同类特别是同性同类不要靠近，否则就会发生冲突，它会冲上去将对方赶走。

斑鬣狗群共同巡视它们的领地，并用它们的尿液把领地标出来。边境上的捕猎行为可能会引发一场与相邻群落的冲突。

狼和狗也常用尿液来标记它们的领地。有专家发现狼在领地周边用尿标记，自己生活在尿液内环形中间地区。有时它们还会用尿液标记重要的通道，这样一来尿的气味点就构成了狼的地图，告诉来访者有关居住地的情况，并向群体内其他成员明确返回熟悉领地的通路。这就像人类外出时，用刻在树皮上的标记指明旅行后回家的归途。狼和狗也用大便来标记领地，狗的肛门腺在粪便排泄物上留有特殊的信号，因此，狗对排便地点十分挑剔，这也解释了为什么狗排便前会出现看似无意义和复杂的仪式。

老虎喜欢在突兀的物体上用尿做标记，如山岩、树干、独立木等，在地面的雪被上也常发现虎的尿斑。虎也喜欢在干草或灌木上以撒尿、排粪等进行标记。雌雄两性都会定期加强气味标记，在与邻近虎接触可能性较多的地方，气味标记的频率相对较高。一只虎可以通过气味辨别某一标记是谁留下的：是邻近的虎还是外来的虎；是雄虎还是雌虎；如果是雌虎，其是否已经发情。另外，老虎也用肉眼可见的信号标记作为化学信号标记的补充，这其中最常见的标记形式是抓挠雪地或者土地表面，留下抓痕，最短的抓痕间距仅有几十米。

五、秃鹫是怎样炼成的

有一种秃鹫（图2-12），每次产三枚蛋，三只雏鹫一出生，秃鹫妈妈就将最孱弱的那只啄死，将尸肉分给另外两只雏鹫吃。可怜的雏鹫

还没来得及睁开眼睛看这个世界，就被胞兄妹们吃掉。

两个月后，活下来的两只秃鹫羽翼已丰，扑棱扑棱开始尝试飞出巢穴。这个时候秃鹫妈妈每次只带回一份食物，让两只雏鹫争抢。这是两只雏鹫生命中最关键的时刻，因为谁抢到食物，谁就能生存下来。一天以后，没抢到食物的雏鹫已经饿得有气无力，再也没有能力去与自己的胞兄妹争抢食物了。奄奄一

图 2-12

息之际，秃鹫妈妈再一次残忍地将自己的孩子啄死，同样将尸肉分给剩下的小秃鹫。小秃鹫吃掉自己的同胞兄妹后，飞出巢穴，翱翔天空，开始自己独立的生命之旅。

秃鹫在地球上生活了上千万年，它们的繁衍方式保证了存活下的那只是最强壮，以面对大自然的各种险恶。

六、哺乳动物为什么是最高等的动物

哺乳动物在进化中的优势集中体现在胎生和哺乳的繁衍方式上。胎生的出现，是动物进化史上的一个飞跃。胎生使哺乳动物的子代生存在一个液体环境——羊水里，这里温度恒定、营养由母体通过血液提供，遇到危险能随母体迅速转移。所以它们的子代受外界影响更小，成活率更高。因此，哺乳动物的繁殖效能更高，它们只需要繁殖少数几个子代，就能完成延续种族的任务。哺乳类动物中除鸭嘴兽、针鼹是卵生外，其他的都是胎生动物。

哺乳动物的幼仔可以不必在对外界非常陌生时就为食物奔波，也

不必因没有经验而摄入有毒的食物，还避免在消化系统很脆弱时就消化粗劣的食物，更避免了幼仔因自己取食带来的危险。母乳为后代提供了养分充足且易于消化的天然优质婴幼食品，从而有效地保证后代有较高的成活率，而无效的繁殖数量也随之相应降低。初生的幼小生命不再会因自然灾害和恶劣的气候环境而缺吃少喝，母亲体内的脂肪足以维持小型"乳汁厂"的开工投产。动物的乳汁含有蛋白质、脂肪、乳糖、钙、碳酸氢钠、镁、氯、钾和多种矿物质，还含有维生素和激素。母野兔每周仅给小兔喂二三次奶就足够了，原因是它们的乳汁中含有 25％的脂肪。而乳汁营养最丰富的要算是海豹和灰鲸了。它们乳汁中的脂肪含量高达 53％以上，因而一头小鲸每天竟能靠乳汁增重100 千克。

此外，恒定的体温使哺乳动物有更高的代谢效能，从而获得更充足的能量，充足的能量又使它们的捕食效率更高，这样它们就可以从每天的繁忙摄食活动中解脱出来。同吃同住的家庭生活模式，使幼小的哺乳动物获得了更多的生存机会。哺乳动物在家庭生活的圈子里不仅养育和护卫自己的后代，更注重培养后代的觅食和防卫御敌能力。食物结构的改善促进了大脑的发展，从而使哺乳动物能够将智能和经验代代相传，长久受益。这一切都促进了哺乳动物向更高的层次进化。终于有一天，灵长类的一个分支进化成了地球上拥有最高智慧的人类。

第三章 动物的进化

一、已经灭绝的动物

1. 恐龙

恐龙是出现于二亿四千五百万年前，并繁荣至六千五百万年前的中生代爬行动物。它们种类多，体形和习性相差也大。其中个子大的，可以有几十头大象加起来那么大；小的，却跟一只鸡差不多。就食性来说，有温顺的草食者和凶暴的肉食者，还有荤素都吃的杂食性恐龙。

在中生代的地层中，曾发现许多的恐龙化石。其中可以见到大量呈现各式各样形状的骨骼。但是，在紧接着的新生代地层中，却完全看不到恐龙的化石。由此推知恐龙在中生代时一起灭绝了。恐龙为什么会突然灭绝？这成为地球生物进化史上的一个谜，这个谜至今仍没有解开。但科学家们也根据已经掌握的一些资料提出了如下假说：

（1）可能是因为小行星撞击或地壳运动带来的火山喷发或气候变化和食物缺乏。

（2）可能是因为地表产生变化、植物变少，恐龙不适应环境变化，无法与迅速发展的鸟类和哺乳动物争夺食物，慢慢从地球上消失了。

（3）物种斗争说。恐龙年代末期，最初的小型哺乳类动物出现了，这些动物属啮齿类食肉动物，可能以恐龙蛋为食。由于这种小型动物缺乏天敌，越来越多，最终吃光了恐龙蛋。

（4）大陆漂移说。地质学研究证明，在恐龙生存的年代地球的大陆只有唯一一块，即"泛古陆"。由于地壳变化，这块大陆在侏罗纪发生了较大的分裂和漂移现象，最终导致环境和气候的变化，恐龙因此而灭绝。

(5)地磁变化说。现代生物学证明，某些生物的死亡与磁场有关。对磁场比较敏感的生物，在地球磁场发生变化的时候，都可能导致灭绝。由此推论，恐龙的灭绝可能与地球磁场的变化有关。

(6)被子植物中毒说。恐龙年代末期，地球上的裸子植物逐渐消亡，取而代之的是大量的被子植物，这些植物中含有裸子植物中所没有的毒素，形体巨大的恐龙食量奇大，大量摄入被子植物导致体内毒素积累过多，最终被毒死了。

2. 猛犸象

在宽广无垠的西伯利亚和阿拉斯加冻土层里，人们不止一次地发现一种现代象的近亲——猛犸象的带皮肉的尸体。根据尸体保存情况推测，这些猛犸象最晚死亡在4000年前，也就是古埃及人建立金字塔的时代。成熟的猛犸象(图 2-13)，身长达 5 米，体高约 3 米，门齿可长达 4 米左右，体重可达 4～5 吨。它身上披着黑色的细密长毛，皮很厚，具有极厚的脂肪层，厚度可达 9 厘米，具有极强的御寒能力。与现代象不同，它们并非生活在热带或亚热带，而是生活在严寒的北方，曾分布于亚、欧大陆北部及北美洲北部更新世晚期的寒冷地区。我国东北、山东长岛、内蒙古、宁夏等地区也曾发现过猛犸象的化石。

图 2-13

曾经在地球上显赫一时的猛犸象，为什么突然灭绝了呢？

一部分古生物学家认为，猛犸象是由于冰河末期的气候变化而灭绝的。他们解释说，在冰河时代气候不像现在这样具有季节性，冬夏之间的温差要比现在小得多。当冰河期结束，季节之间的温度变化较为明显时，有些动物适应了这种气候的变化；有些动物不适应这种变化而迁徙；有些动物则从此灭绝，猛犸象就是其中的一种。猛犸象完好的尸体为这一学说提供了证据。在苏联西伯利亚北部冻土层里，曾经发现了 25 具被冷冻而保存完好的猛犸象尸体，它们像被藏在冷藏库里的食物一样，一点也没有变质。据说，有一次在苏联召开的国际地质学术会议，与会的代表还品尝了用 1 万多年前的猛犸象冻肉烧制的菜肴。

而一些生态学家则认为，人类的捕杀导致了猛犸象的灭绝。其根据是：在一些发掘出猛犸象化石的地方，同时发现了一些人类使用的石制工具；在一些猛犸象的化石上，仍然还戳着石头制成的矛尖……美国地质学家拉利还发现，追捕猛犸象的人类以宽大的波浪状模式越过南美洲西部，而猛犸象的灭绝模式也是一个宽大的向前推进的波浪。这似乎可以说明，人类从连接在西伯利亚和阿拉斯加之间的狭长陆地，到达西半球的洛基山后，向南及东推进，沿途杀尽了猛犸象。最近在乌克兰的考古发现，有一座古人类居住的房子竟然是由约 22 吨象骨建成。这可以说明，猛犸象不仅是当地居民的主要食物来源，它的骨头还成为宝贵的建筑材料。也可以说明，以当时的人的捕杀能力，猛犸象又显得多么弱小。

此外，还有人提出不同的看法：有的认为是火山突然爆发，引起极度猛烈的狂风，使猛犸象速冻致死；有的认为是大量彗星尘埃进入地球大气上层空间，导致地球上最近一次冰期，此时海洋把热量传给陆地，引起了真正的冰"雨"，猛犸象由此灭绝……

一直以来，几位日本和俄罗斯的科学家始终致力于猛犸象的研究，并希望有一天能利用现代克隆技术将猛犸象复活。目前科学家已经基本完成猛犸象所有基因密码的破译工作，为复活猛犸象提供了必要的基因基础。但还有很多难题需要解决，首先要获得带有完整基因的猛犸象的细胞核，然后将这个细胞核移植到猛犸象近亲，比如非洲象的去核卵细胞里，再通过动物细胞培养技术手段让这个卵发育成早期胚胎。然后把这个胚胎移植到非洲象的子宫里让它发育，最终就可以得到猛犸象了。以目前的技术手段，复制猛犸象已经不再是不可逾越的障碍了。

苏联科学家早在 1989 年就着手在西伯利亚建立"更新世公园"，重现猛犸象所存在的冰河时期的生态环境，日后这里将成为猛犸象的侏罗纪公园。相信不久的将来，可以在俄罗斯的西伯利亚参观真正的猛犸象公园。

3. 鼻行动物

南太平洋的哈伊艾伊群岛上，生息着一种奇妙的哺乳类动物，它们的形态如此奇特，远远超出了人们的常识：脑袋朝下，尾巴朝上，倒着走路。这就是"鼻行类动物"（图 2-14）。

遗憾的是，1957 年在南太平洋进行的一次秘密核武器试验让群岛瞬间消失了，整个鼻行类动物也随之消失了。从 1941 年发现到 1957 年灭绝，鼻行动物展现在人类眼前只有短短 16 年，连一个活体标本也没留下。所幸的是，动物学家哈拉尔特·施顿普凯留下了一本弥足珍贵的著作——《鼻行兽》，书中记录了各种此类动物的解剖图和生态图，为后人了解鼻行类动物提供了难得的信息。

图 2-14

二、大熊猫濒临灭绝的内在因素

众所周知，大熊猫（学名猫熊）是我国的一级保护动物，是我国的国宝。之所以得到这样的待遇，可不单单是因为它长得憨态可掬，更主要的是因为它已经濒临灭绝了。那么，导致大熊猫灭绝的原因除人类的影响与破坏以外，与它本身有没有关系呢？

在物竞天择、适者生存的大自然里，什么样的动物才能生存下去呢？这是个不好回答的复杂问题，每种动物都有自己的适应特点和生存秘笈。但一般说来动物要生存下来至少要具备以下 7 点中的 2～3 点：

（1）有强健的肌肉，有锐利的爪或锋利的牙齿。比如猎豹、狮子、老鹰等。这样的动物是位居食物链顶端的肉食者。它们能通过强健的肌肉迅速地捕捉猎物，并通过锋利的爪或牙齿使猎物毙命，然后将其吃掉。

（2）有快速奔跑的能力。比如羚羊、鹿、斑马等。这类动物多属于草食动物，它们通过快速的奔跑逃避敌害，或到很远的地方觅食。

（3）有挖洞穴居的习性。如田鼠、野兔、蛇等。这类动物也属于草食动物，它们通过洞穴保护自己，繁育后代。

（4）有爬树的本事。它们通过树栖攀缘躲避敌害，储藏食物，如猎豹。或通过在树枝间来回跳跃躲避敌害，如长臂猿；或在树上筑巢繁育后代，保证后代的安全，如很多鸟类。

（5）有很强的繁殖能力。最典型的例子是老鼠，很多动物都在人类的捕杀或影响下数量大幅度下降，有的甚至灭绝了，唯有老鼠还是那么猖獗，很大一个原因是因为它们有超强的繁殖能力。母鼠满6个月就有了生育能力，一窝能产下8只至10只小鼠。在食物充足的情况下，一只老鼠一年可受孕数次，这样累计下来，一对老鼠一年几乎可以繁殖出近200只小鼠。

（6）有很杂的食性。很多动物都在进化中形成了非常杂的食性，只要有营养的就能吃。还说老鼠，它们的食性就很杂，凡是人爱吃的东西不管酸、甜、苦、辣老鼠都能吃。而且有很强的记忆性、拒食性。

（7）有很好的消化吸收能力。在长期的进化中，动物们都进化出一副好胃口，能把食物中的营养吸收得非常干净，把仅剩下的一点食物残渣作为粪便排出去。

现在让我们来看看大熊猫吧。它具备以上7点中的哪一点？哪一点都不具备！在动物学上，大熊猫属食肉目，奥布赖恩博士等提出了把大熊猫作为熊科的一种亚种的方案，现在一般将它命名为大熊猫科（Ailuropodidae），学名 *Ailuropoda melanoleuca*。它的祖先是一种凶猛的食肉动物。可我们看到今天的大熊猫既没有锐利的爪，也没有锋利的牙齿。早没有了往日的威风。看它一副懒洋洋、温顺可人的样子，见到不论是多么可怕的动物都不知道害怕，这在弱肉强食的大自然里是多么可怕的一件事啊！它还保留有爬树的本领，但凭它的速度我们就知道，那也仅仅是饭后的消遣了。而且进化到今天，它的食谱已经非常特化了，只能以几种新鲜的竹叶作主食。有人曾经将肉切成细细的像饺子馅一样的肉末喂食大熊猫，结果它的消化系统只能将肉末表面薄薄的一层消化掉。即使现在它每天都吃的竹叶，也只能消化掉一小部分，大多数营养都白白地浪费了。再有就是大熊猫的繁殖能力非常差。雄性大熊猫的生殖器特别短小，这造成交配失败率很高。而雌性大熊猫的发情期只在每年的 3～5 月份，通常不超过 2～4 天。所以经常有雌性大熊猫长达几年不能受孕。它的怀孕期大约为 5 个月。野外偶尔会有孪生的情况出现，但是雌性大熊猫一般只喂养一只幼崽。圈养种群中，孪生的情况较多。由于幼仔出生时很小，在幼仔出生几天到一个月之后，母兽会把幼仔独自留在洞中或树洞里外出觅食。母兽有时会离开 2 天或者更长时间。这一切又使得幼仔死亡率很高，在40％左右。可见大熊猫的繁殖能力是很差的。

所以，我们不难看出，大熊猫对现在的生活环境的适应能力真的很差，它既没有肉食动物应具备的锐利的爪和牙齿，也不具备草食动物快速奔跑的能力，又不会挖洞穴居保护自己，食性又非常单一，消化能力也很差，繁殖能力非常低。这一切就是它濒临灭绝的内在因素。
（本文曾发表在《中学生物学》2008 年第 11 期上）

三、动物的现在与过去

每一种动物都是经过漫长的地质年代进化来的。令人难以置信的是，现代动物的模样与它们的祖先大不一样，许多大型动物的祖先竟然是一些矮小的"侏儒"。

现代马的远祖叫始祖马。根据埋藏始祖马化石的地层来推算，始祖马生活在距今 5000 万年前的温暖、潮湿的草丛和灌木丛中，它像现代狐狸一样大小，背部弯曲，身体灵活，前肢有发达的四趾。由于它身体较小，灌木丛里又有很多障碍物，它就用隐蔽、躲藏的方式逃避敌害。在较晚一些的地层里，人们发现了马的较近祖先——三趾马的化石。三趾马（图 2-15）生活在辽阔的草原上，这里没有明显的障碍供动物们躲藏，它们便学会了快速奔跑来逃避敌害，而要实现快速奔跑，动物的体形就不能太小，所以三趾马的躯体比始祖马大了一些。前肢

图 2-15

只有三趾，中趾发达，并且变成了唯一着地的趾，这使得它的奔跑速度大大提高了。在以后的进化史中，马再也没有离开辽阔的草原，以后的化石证实，马的躯体不断变得高大，中趾的趾端形成了硬蹄，两侧的趾变成了遗迹，被称为痕迹器官。这样，马从30厘米左右的始祖马进化成了现在长1.5～2.0米的现代马。

那么是不是动物都是越进化体形越大呢？当然不是。从自然选择的原理来看，每一种环境都有"允许"其中的动物所能达到的最大值，因为环境中的资源和空间是有限的。如果环境发生了剧烈的变化，不足以提供足够的食物，则会导致体形大的动物灭绝。那是不是体形越小就越有利于生存呢？这也不对。在广阔的草原上，草食动物要么向体大力强的方向发展，使肉食动物很难捕食，要么向灵巧快跑的方向发展，要么适应穴居隐蔽，这样才出现了形形色色的草原动物。

现代动物与它们的祖先不仅存在体形上的差异。由于地球环境的不断变化，动物们的栖息地也今非昔比，使它们的身体结构发生了朝着适应环境的不同的方向进化。比如现代马的祖先生活在灌木丛里，后来迁移到草原上才向适于快速奔跑的方向进化。所以，我们看到的现代动物，是通过长期的自然选择，经过漫长的地质年代进化来的，是与它们生存的环境相适应的结果。

四、沧海桑田的演化——化石浅谈

1. 什么是化石

化石（图 2-16）是埋藏在地层中的古代生物的遗体、遗迹或遗物。比如恐龙的骨骼化石、恐龙的足迹化石、古人类留下的饰物、灰烬，等等。

生活于过去的生物体的坚硬部分，如动物的骨骼、牙齿、硬壳，植物的叶、树干等，都可以经石化作用而

图 2-16

形成化石。也有些罕见的化石，如西伯利亚冻土层中的猛玛象，在煤层的琥珀中所含的昆虫，美国西部沥青层中的各种兽化石等，由于完全埋没于地层中，而形成毫无石化的古生物遗体，但仍然称为化石。有时生物虽然没有留下遗体，但是活动时留下的脚印、蛋或空模等也是化石，称为生痕化石。还有一些微体化石，像有孔虫、蓝绿藻等，必须要用显微镜才能观察得到。

2. 化石是怎么形成的

古代动物死后，尸体的内脏、肌肉等柔软的组织很快便会腐烂，牙齿和骨骼因为有机质较少，无机质较多，却能保存较长的时间。如果尸体恰好被泥沙掩埋，与空气隔绝，腐烂的过程便会放慢。泥沙空隙中有缓慢流动的地下水，水流一方面溶解岩石和泥沙内的矿物质；另一方面将过剩的矿物质沉淀下来变成晶体。矿物质随着水流逐渐渗进埋在泥沙中的骨内，填补牙齿和骨骼有机质腐烂后留下的空间。如果条件合适，由外界渗进骨内的矿物质在牙齿和骨骼腐烂解体之前能有效地替代骨骼原有的有机质，使之完好地保存成为化石，这个过程被称作"石化过程"。由于化石中的大量矿物质是极为细致地慢慢替代

其中的有机质的，所以能完整地保存牙齿和骨骼原来的形态，连电子显微镜才能看清的组织形态都能原样保存。

除了牙齿和骨骼外，有的动物的粪便也能成为化石。例如，有的肉食动物吃肉时是连着碎骨一起吞下的，粪便里有许多没有被消化掉的碎骨，碎骨不容易腐烂，所以也能成为化石。

此外，脚印也能成为化石。人或动物踩在泥沙上，造成脚印。泥沙干后，脚印又被另外的物质填满。两种物质都被后来渗进去的矿物质石化后保存下来，但是两种物质的性质不同，软硬不同，风化或破坏的程度也不同。一种物质被风化或破坏后，另一种物质便表现为脚印化石。

3. 化石能说明什么

人们通过对化石的研究发现，在越早形成的地层里，成为化石的生物越简单、越低等；在越晚形成的地层里，成为化石的生物越复杂、越高等。这不仅证明了现在地球上每一种生物都是经过漫长的地质年代进化来的，也证明了生物从简单到复杂、从低等到高等、从水生到陆生的进化次序。所以古生物化石的存在，直接证明了达尔文进化论的正确性。

此外，人们通过对化石的研究，还可以得到很多关于各个地质历史时期生物、环境的信息。比如通过对众所周知的"北京人"头盖骨化石的研究，人们发现"北京人"的吻部比较突出，这就可以说明他们的手还不够灵活，很多食物还得用嘴直接摄食，也间接说明他们的大脑还不够发达。通过对古人类留下的动物骨骼化石的研究，不仅可以知道他们都吃了什么，还可以通过对这些动物的生活习性的分析，推测当时北京地区的气候条件等，从而使人们对古代地球的生物、环境有一个比较全面的认识。所以可以说化石是帮我们了解地球过去的一部浩瀚的石头书。

第四章　动物的利用与保护

一、狗——人类最忠实的朋友

狗是一种常见的犬科哺乳动物，是狼的近亲。通常被称为"人类最忠实的朋友"，也是饲养率最高的宠物，其寿命约为 10～30 年。人类与狗之间存在强烈的感情纽带，其友好渊源可以追溯到 1.5 万年前。在长期的历史进化中，狗已经成为人类的宠物或无功利性质的同伴。

长久以来，工作犬对人类产生了无法估量的作用。它们是警卫，是哨兵，可以拉雪橇，可以牧羊，也可以成为人类战争中的武器。历史发展到今天，工作犬的角色范围更广：它们不仅是警卫守护犬，用于保护主人的生命和财产，还可以成为军犬、警犬、导盲犬、搜毒犬、搜爆犬、漏气探测犬和救护犬。现在最常用、最常见的工作犬有德国牧羊犬、拉布拉多、黄金猎犬和史宾格等。它们拥有适中的体形，亲近或凶猛的性格，以及聪明的天赋，还有不错的体力。一只优良的工作犬幼犬需要数代的遗传培养，成功培养一只犬通常需要花费数万元人民币。

此外，犬类在现在的科学实验中起着重要的作用。比如在医疗、药品研究时，由于小白鼠的体重和人相差太大，所以经常需要用狗来做实验。

1950～1960 年之间，苏联太空署使用一群犬只进行次轨道和轨道上的太空飞行以确认人类太空飞行的可行性。其中最著名的是一只被称作"莱卡"的流浪狗。莱卡是飞上太空的第一个地球生命。科学家们在它的身体表面和皮下安装了感应器，用来监测它的呼吸和心跳，在进入太空后，监测数据就会自动传回地面。随后科学家们把它送入了专门为它设计的加压密封舱内，密封舱固定在火箭的头部，它的对面还设有一个摄像头。它刚飞上天没几个小时，就死于惊吓和中暑衰竭，传感器传回地面的数据显示，在生命的最后阶段，莱卡承受着巨大的痛楚。尽管莱卡在太空只生存了几个小时，然而，它短暂的太空旅程证明了哺乳动物能够承受火箭发射后一定的严酷环境，为未来的载人飞行铺平了道路。50年过去了，莱卡仍然是地球上最有名的狗之一，尽管对于关注动物福利的活动家来说，它只是一长串为太空牺牲的动物名单中的一个。苏联在1957年就为莱卡发行了纪念性邮票，莱卡后来还成为了苏联一种香烟的商标，并上了莫斯科一座纪念碑。1997年，莱卡太空飞行40年后，俄罗斯人在莫斯科郊外的航天和太空医学研究所为莱卡建立了一个纪念馆。如今，全世界至少有6首歌为它而谱写，描述它这次孤独的单程太空之旅。

二、生物防治

生物防治就是利用生物物种间的相互关系，以一种或一类生物抑制另一种或另一类生物的方法。它的最大优点是不污染环境，是农药等非生物防治病虫害的方法所不能比的。生物防治大致可以分为以虫治虫、以鸟治虫和以菌治虫三大类。

小菜蛾在日本是对农作物破坏性最大的害虫。它的幼虫吞食茎椰菜、结球甘蓝、花椰菜、小萝卜和抱子甘蓝。而且，由于农药等化学杀虫剂的长时间大量使用，小菜蛾已适应了化学杀虫剂。不过，国际研究人员也有对付小菜蛾的强大武器——比它还小的蜂。小菜蛾的天敌蜂很小，不用放大镜是难以看见它的。它在产卵时，会把卵产在小菜蛾的幼虫体内。当蜂卵孵化成幼蜂时，幼蜂便会吃掉小菜蛾的幼虫。如果把一种常用的不污染环境的天然杀虫剂与这种以虫治虫的方法一起使用，效果更佳。

人们从益鸟吃虫中得到启发，发明了养鸭治虫。明代有个名叫陈经纶的人就在一本名为《治蝗笔记》中详细地记载了自己发明养鸭治虫的经过。有一年，陈经纶在教人种甘薯时，看到天边飞来了一群蝗虫，把薯叶全给吃光了，一会儿又飞来了几十只鹭鸟，把蝗虫又给吃掉了。他从中受到启发，认为鸭和鹭的食性差不多，于是便养了几只鸭子，放在鹭鸟活动的地方，结果发现，鸭子吃起蝗虫来，比鹭鸟又多又快，于是就号召当地老百姓大量养鸭。每当春夏之间，便将鸭子赶到田地里去吃蝗虫。后来，这种方法果然成为江南地区治蝗的重要办法之一，不少的治蝗专书中也都提到了这种治蝗办法。养鸭不仅可用来治蝗，同时还可用来防治蟛蜞。蟛蜞是螃蟹的一种，它以谷芽为食，因此成为稻田害虫之一。明代，珠江流域地区的人们已开始养鸭来防治蟛蜞对水稻的危害。养鸭治虫，是我国历史上利用最为广泛的一种生物防治技术，它不仅可以消灭害虫，保护庄稼，同时还能促进养殖业的发展，起到化害为利的效果，是我国生物防治史上一项了不起的成就。

三、仿生学——动物带来的启发

　　人类自从发明了飞机，飞上天空以后，就在不断地对飞机进行革新改造，不论是体积、载重、速度，都很快超过了那些能飞翔的动物，尤其是近年来出现的各种飞行器，可以到星际间航行，更是它们所望尘莫及的。尽管这样，在某些飞行技术和飞行器的结构上，人造的飞机仍然不如会飞翔的动物那么完善，人们不断地观察研究，从它们身上获得启发，从而不断改进自身的技术。

　　鹰的眼睛是异常敏锐的。翱翔在两三千米高空的雄鹰，两眼扫视地面，就能够从许多相对运动着的景物中发现兔子、老鼠，并且敏捷地俯冲而下，一举捕获。鹰眼还具有对运动目标敏感、调节迅速等特点，能准确无误地识别目标。现代电子光学技术的发展，使我们有可能研制出一种类似鹰眼的系统，帮助飞行员识别地面目标，同时可以控制导弹。

　　蜻蜓是飞行技巧最高的昆虫之一（图2-17），它们可以垂直起降，也可

图 2-17

以在空中悬停。这是现代飞行器无法做到的高难技巧。人们模仿蜻蜓的形态制造出了"蜻蜓式直升机"。蜻蜓在飞行时每秒钟振翅 30～50 次，但它们那看似单薄的翅并没有因高颤运动而折断，这是因为在它们的翅的前缘末端有减颤装置——翅痣。工程师在制造飞机时通过类比蜻蜓的这一特点，在飞机的两翼上加上了平衡重锤机翼，从而减少了机毁人亡的惨剧发生。

图 2-18

啄木鸟（图 2-18）一天可发出约 600 次的啄木声，每啄一次的速度可达 555 米/秒，是空气中音速的 1.6 倍，而它的头部摇动的速度更快，达到 580 米/秒，比子弹出膛时的速度还快。此时，它头部所受到的冲击力约为所受重力的 1000 倍，而一辆时速为 56 千米的汽车撞在一堵墙上，受到的冲击力仅为所受重力的 10 倍。为什么啄木鸟头部可以受到那么大的力却不会得脑震荡？原来啄木鸟头部的构造与众不同，它的脑壳非常坚硬，周围还有一层海绵状的骨骼，里面吸附着很多液体，能起消震作用，头部两侧还有强有力的肌肉系统，也能起到防震作用。科学家由此得到启示，设计了一种新型安全帽：外壳坚固，里层松软，帽子下部有一个保护领圈，能有效避免因突然而来的旋转运动所造成的脑损伤。

此外，人类还从长颈鹿身上获得启发，制造了飞行抗荷服。长颈鹿（图 2-19）身高在 5 米以上，头部距离心脏有 3 米，如果没有高的血压，头部大脑就可能得不到充分的血液。据测定，长颈鹿体内的血压高达 46.55 千帕（350 毫米汞柱），比人的血压高出 2 倍，其他动物如果血压升到这样的高值，会立即因脑溢血而死亡。长颈鹿为什么不会发生脑溢血呢？原来，长颈鹿的那层紧绷在身上的皮肤能抵抗突然升高的血压。当它低头喝水时，紧绷的皮肤会牢牢箍住血管，使其不会因血压的突然增加而被胀破。科学家受到启示，发明了一种仿照长颈

图 2-19

鹿皮肤的飞行服——"抗荷服"。抗荷服上有一套充气装置，随飞机速度的增高，会自动充入一定数量的气体，压缩空气对血管产生一定的压力，从而使人的血压保持正常。

四、我国的珍稀动物简介

1. 大鲵

大鲵（图 2-20）又名娃娃鱼，属国家二级保护动物。

大鲵头部扁平、钝圆，口大，眼不发达，无眼睑。身体前部扁平，至尾部逐渐转为侧扁。体两侧有明显的肤褶，四肢短扁，指、趾前五后四，具微蹼。尾圆形，尾上下有鳍状物。体表光滑，布满黏液。身体背面为黑色和棕红色相杂，腹面颜色浅淡。叫声似婴儿啼哭，故称娃娃鱼。

图 2-20

大鲵为我国特有物种，分布于华北、华中、华南和西南各省。它的心脏构造特殊，已经出现了一些爬行类的特征，具有重要的研究价值。同时，由于大鲵肉质鲜美，且浑身是宝，经常遭到大量捕杀，目前资源已受到严重的破坏，需加强保护。

图 2-21

2. 扬子鳄

扬子鳄(图 2-21)成体全长可达 2 米左右，尾长与身长相近。头扁，吻长，外鼻孔位于吻端，具活瓣。身体外覆有革质甲片，腹甲较软；甲片近长方形，排列整齐；有两列甲片突起形成两条嵴纵贯全身。四肢短粗，趾间具蹼，趾端有爪。身体背面为灰褐色，腹部前面为灰色，自肛门向后灰黄相间。尾侧扁。

扬子鳄是我国特有的一种鳄鱼，俗称猪婆龙，土龙，也是世界上体形最细小的鳄鱼品种之一。主要分布在长江中下游地区。它既是古老的，又是现在生存数量非常稀少、世界上濒临灭绝的爬行动物。在扬子鳄身上，可以找到早先恐龙类爬行动物的许多特征，所以，人们称扬子鳄为"活化石"。因此，扬子鳄对于人们研究古代爬行动物的兴衰和研究古地质学和生物的进化，都有重要意义。我国已经把扬子鳄列为国家一级保护动物，严禁捕杀。为了使这种珍贵动物的种族能够延续下去，我国还在安徽、浙江等地建立了扬子鳄的自然保护区和人工养殖场。20 世纪 70 年代，它还曾被携出国门，云游欧洲，名扬世界。

3. 波斑鸨

波斑鸨(图 2-22)，属鹤形目鸨科鸟类，属世界濒危鸟类，为我国一级保护动物。它体重 1～2.5 千克。胸部至尾下覆羽白色，背部、翅和尾上覆羽呈浅沙黄色，点缀有

图 2-22

弯曲的波纹状起伏黑色斑点，故名波斑鸨。

波斑鸨有三个亚种，即加纳利亚种、非洲亚种和亚洲亚种。亚洲亚种的分布区从阿拉伯半岛中部，经中东、巴基斯坦、阿富汗以及中亚，直到我国西北部和蒙古国。在我国，波斑鸨分布于新疆北部、内蒙古西部和甘肃西部。近几十年来，由于工农业用地的扩大和过度放牧造成的栖息地退化和丧失，以及狩猎等原因，致使波斑鸨野外种群数量不断下降，已引起国际野生动物保护组织的关注。

4. 白鱀豚

白鱀豚（图 2-23）是一种生活在淡水的小型鲸类，是我国特有的哺乳动物，它们大约在长江生活了2500 万年，是一种有"活化石"美称的孑遗物种。由于数量极少，被列为我国一级保护动物，也是世界12 种濒危动物之一。

图 2-23

它们身体呈纺锤形，全身皮肤裸露无毛，具长吻，眼小而退化；声呐系统特别灵敏，能在水中探测和识别物体。在生物学、仿生学研究上有重要价值。

5. 藏羚羊

藏羚羊（图 2-24），属于偶蹄目，牛科，山羊亚科，藏羚属。属国家一级保护动物。体形也与黄羊相似，但比黄羊大，也显得健壮。体长为 117～146 厘米，尾长 15～20 厘米，肩高 78～85 厘米（雄）70～75 厘米（雌），体重 35～40 千克（雄）24～28 千克（雌）。

图 2-24

藏羚羊是青藏高原特有种，栖于海拔 4100～5200 米（最低 3250米，最高 5500 米）的荒漠草甸高原、高原草原等环境中，尤其喜欢水源附近的平坦草滩。由于生存环境过于艰苦，藏羚羊的个体寿命是大型哺乳类动物中最短的，在正常情况下，雄性寿命仅有 7～8 岁，雌性寿命最长不超过 12 岁，因此藏羚羊种群虽然庞大，但是非常脆弱，一旦濒危就很难恢复。

藏羚羊身上的羊绒特别优异，质轻柔、保暖好、弹性强，是举世闻名的"软黄金"。在我国境内，目前 1 千克藏羚羊生绒的价格可达 1000～2000 美元，而一条用 300～400 克羊绒织成的"沙图什"价格可高达 5000～30000 美元。由于藏羚羊奔跑迅疾，难以活捉，因此盗猎者均采取简单残暴的屠猎方式，杀羚、取绒。近年来由于偷猎者为了获取毛皮而进行的疯狂猎捕，藏羚羊种群数量已经急剧下降成为濒危物种。

为了保护藏羚羊和其他青藏高原特有的珍稀动物，我国于 1983 年成立阿尔金山国家级自然保护区，1992 年成立羌塘自然保护区，1995 年成立可可西里省级自然保护区，1997 年底上升为国家级自然保护区。

6. 高鼻羚羊

高鼻羚羊（图 2-25）又叫大鼻羚羊，因鼻部特别隆大而膨起，向下弯，鼻孔长在最尖端，因而得名。属国家一级保护动物。

高鼻羚羊体毛浓密，背部棕黄色，腹部和四肢内侧带白色，冬毛灰白色。体长 100～150 厘米，肩高 63～83 厘

图 2-25

米，成年雄性体重 37～60 千克，雌性 29～37 千克。雄性具角，长 28～37 厘米，基部约 3/4 具环棱，呈琥珀色。人们通常所说的名贵药用羚羊角，就是出自高鼻羚羊。

我国是高鼻羚羊的原产国之一，其主要分布在我国新疆北部地区。由于栖息地的丧失及过度的猎杀，这种珍稀的药用野生动物在 20 世纪 40 年代在我国已经灭绝了。现已引种回国，在甘肃和新疆半散

养，为恢复野外种群进行实验和研究。

7. 蜂猴

蜂猴(图 2-26)别名懒猴、风猴，属国家一级保护动物。分布于云南和广西南部。

图 2-26

蜂猴是较低等的猴类。体形较小，体长 32～35 厘米。两只小耳朵隐藏于毛茸茸的圆脑袋中；眼圆而大。四肢短粗而等长，第二个脚趾还保留着钩爪，尾短而隐于毛丛中。体背棕灰色或橙黄色，正中有一棕褐色脊纹自顶部延伸至尾基部，腹面棕色，眼、耳均有黑褐色环斑。蜂猴栖于热带雨林及亚热带季雨林中，行动迟缓，只有在受到攻击时，才有所加快，故又名"懒猴"。

8. 黑长臂猿

黑长臂猿(图 2-27)，体长 43～54 厘米，前肢比后肢还长。雄猿通体黑色，头顶部的毛向上生长，形似黑冠。成年雌猿灰棕黄色，头顶部黑褐色。幼猿不论性别都是黑色。雌雄均无尾，也无颊囊。

图 2-27

长臂猿是严格的树栖动物，长期的树上生活让它们发展出独特的"臂行"运动方式。它们用长臂将自己吊在树上，前进时两臂互相交叉移动，像荡秋千一样，借助树枝的摆荡和身体运动惯性越荡越快，一跃就是十几米。就像在树枝间用手飞行一般。据说，用这种运动方式，长臂猿还能抓住空中的飞鸟。

历史记载，黑长臂猿见于广西，甚至远至长江三峡地区。现仅见于云南、海南岛，呈零星分布，现存量 400～500 只，已濒于灭绝，亟须采取保护措施。为国家一级保护动物。与其他长臂猿属动物一样，黑长臂猿是灵长类学家、心理学家的重要研究对象。

9. 沙漠之舟——野骆驼

野骆驼（图 2-28）是大型偶蹄类动物。机警而胆怯，其视觉、听觉、嗅觉相当灵敏，有惊人的耐力。野生双峰驼的活动，一般以十几头大小的集群为单位。在繁殖期，每个种群由一峰成年公驼和几峰母驼带一些未成年幼驼组成，有固定的活动区域，只有

图 2-28

当季节转换时才进行几百千米的长途跋涉寻找新的栖息地。

野骆驼历史上曾经存在于世界上的很多地方，但至今仍在野外生存的仅有蒙古西部的阿塔山和我国西北一带。这些地区都是大片的沙漠和戈壁等"不毛之地"，不仅干旱缺水，而且夏天酷热，最高气温为 55℃，砾石和流沙温度可达 71℃～82℃，冬季奇冷，寒流袭来时，气温可下降到零下 40℃，常常狂风大作，飞沙走石。恶劣的生活环境，使野骆驼练就了一副非凡的适应能力，具有许多其他动物所没有的特殊生理机能，不仅能够耐饥、耐渴，也能耐热、耐寒、耐风沙。它们采食红柳、骆驼刺、芨芨草、白刺等很粗干的野草和灌木枝叶为食，吃饱后找一个比较安静的地方卧息反刍，喝又苦又涩的咸水，因此得到了"沙漠之舟"的赞誉。

这个比熊猫还稀少的动物，是世界上唯一靠喝咸水生存的动物，它的存在可以说是一种奇迹，保护它的工作迫在眉睫。

第三篇　迷人的人类生物学

　　我们对现代科学技术的发展了解很多。我们收看电视节目，使用手机互通信息，使用电脑处理各种事务……然而，关于人体自身，我们又有多少了解呢？

　　人是什么？人是从哪里来的？人与猩猩、黑猩猩之间存在什么关系？人体是怎样构成的？我们为什么要吃饭？为什么必须天天喝水？为什么吸烟危害身体健康？怎样才能远离艾滋病？这就是人类生物学要回答的问题。如果我们把自己看成是生物界中的一员，我们就能更好地了解自己，更和谐地与其他生物相处，也会更加热爱大自然，保护大自然。

第一章　人体的秘密

一、几种人体必需金属元素

必需元素是指对人体的生命活动必不可少的元素。如果这些元素缺乏，就会影响人的生命活动，轻则不适，重则生病。下面我们来挑选几个看看：

1. 钙

（1）钙在人体中的作用

钙主要参与骨骼和牙齿的形成，99％的钙分布在骨骼和牙齿中。钙还在维持人体血液循环、呼吸、神经、肌肉、骨骼等各系统正常生理功能中起重要作用。在钙离子的激活下，体内多种酶和激素才有活性。机体的能量代谢、神经肌肉兴奋和抑制活动及机体所有组织器官的功能均与钙离子水平有直接关系。

（2）缺钙的临床表现

儿童缺钙将导致发育迟缓，发育不良。诸如出牙晚、学步晚、鸡胸和佝偻病。缺钙早期还会表现出一些症状：齿疏发稀、健康状况不佳，容易感冒。

青少年缺钙会感到腿软、抽筋，体育课成绩不佳；乏力、烦躁、精力不集中、容易疲倦；偏食、厌食；蛀牙、牙齿发育不良；易过敏、易感冒等。青壮年都有繁重的生活压力，紧张的生活节奏往往使他们疏忽了身体上的一些不适，加之该年龄段缺钙又没有典型的症状，所以很容易掩盖病情。当有经常性的倦怠、乏力、抽筋、腰酸背疼、易过敏、易感冒等症状时，就应怀疑是否缺钙。

成年以后，人体就慢慢进入了负钙平衡期，即钙质的吸收减少、流失加大。老年人大多是因为钙的流失而造成缺钙现象。可以自我诊断的症状有老年性皮肤瘙痒；脚后跟疼，腰椎、颈椎疼痛；牙齿松动、脱落；明显的驼背、身高降低；食欲减退、消化道溃疡、便秘；多梦、失眠、烦躁、易怒等。

（3）应该怎样补钙

检查是否缺钙，最可靠的办法还是去医院请专科医生检查诊断，然后在医生的指导下服药治疗。补钙应注意以下几点：

①不随广告走，不听信某些钙品的夸大宣传，应到正规医院检查后在医生指导下进行补钙。如果要想自己补钙，最好从天然食品中获取足量钙。在家庭日常的食物中，含钙较多的有牛奶、奶酪、鸡蛋、豆制品、海带、紫菜、虾皮、芝麻、山楂、海鱼、蔬菜等。特别是牛奶含钙量最高，补钙效果最好。

②补钙不是量越大越好，每次服用超过200毫克就会降低吸收。

③儿童补钙最好选择食补，老年人补钙则可以考虑食补和药补结合。

④服用添加维生素D的钙品时，谨防积蕴中毒。许多消费者认为，补钙只能与补充维生素D同时进行才可以促进钙的吸收，这是一种误解。由于个体差异普遍存在，并不是所有的人同时既缺钙又缺维生素D，部分人长期服用维生素D反而会抑制自身维生素D的形成，或是导致维生素D的积蕴中毒现象。

2. 铁

（1）铁在人体中的作用

铁也是人体必需的一种微量元素。存在于人体所有组织细胞内，其中以肝细胞、脾细胞和肺细胞内含量最为丰富。成人体内含铁3～5克，大部分都以蛋白质复合物形式存在，极少部分以离子的形态存在。大约65％的铁存在于血红蛋白中，血红蛋白在人体内主要执行输送氧和携带排出二氧化碳的任务。

（2）缺铁的临床表现

铁的缺乏不仅会导致缺铁性贫血，使血红蛋白不能正常发挥作用，而且会引起多种组织改变和功能失调，如影响淋巴组织的发育和对感染的抵抗力。

①贫血表现：一般有面色苍白、头晕、眼花、耳鸣、乏力、倦怠、食欲减退、活动后心悸及气短等。

②组织缺铁和含铁酶活性降低的症状：上皮组织损害表现为口炎、舌炎、浅表或萎缩性胃炎和胃酸缺乏；皮肤干燥、毛发干枯及脱落；指甲脆薄易裂。神经精神症状如容易兴奋、烦躁、头痛等。少数有异食癖。此外，缺铁还可影响儿童细胞免疫功能。

（3）应该如何补铁

①口服铁制剂是首选治疗方法，有硫酸亚铁、10％枸橼酸铁铵，需同时加服维生素C，有利于铁的吸收。同时需要注意的是，口服铁剂对胃有刺激作用，宜从小剂量开始，饭后服用。

②此外，通过食疗补铁也是比较有效的，例如多食用富含蛋白质、铁剂、维生素C的食物，如动物肝脏、动物血和瘦肉。

3. 锌

（1）锌在人体中的作用

锌是人体的必需微量元素，这是近30年来才被科学家所认识到的。它在人体中只有2～3克，但在皮肤中却占15％～20％。

锌可以帮助细胞分裂。动物缺锌时，除发育障碍，生殖机能低下和骨骼异常外，还会发生脱毛等皮肤的病变。

锌是健美的皮肤不可缺少的重要成分。锌对成纤维细胞的增生和胶原纤维的合成都极为重要。据测定，银屑病、脂溢性皮炎、寻常痤疮等皮肤病患者血清中的锌都低于健康人的水平。

（2）缺锌的症状

成人每日需锌量仅为10～15毫克，食物和水中都含有锌，一般不会缺锌。有的病人之所以缺锌，一方面是由于吸收障碍摄入不足；另一方面则是通过尿和大量出汗排泄过多。

缺锌会导致儿童厌食、异食。厌食是儿童缺锌早期症状之一，缺锌后，口腔黏膜上皮增生和角化不全，容易脱落，阻塞味蕾小孔，食物难以接触味蕾，不刺激味觉，影响食欲，引起儿童厌食。异食也是儿童缺锌的常见症状，由于缺锌，舌的味蕾细胞再生发生障碍，味觉减弱。

缺锌还会导致慢性腹泻，从而使消化功能降低、紊乱。消化功能降低，又导致营养吸收差，表现为生长发育迟缓。缺锌还会使青春期性发育障碍，第二性征发育不良，生殖器睾丸与阴茎短小，性功能低下等。

缺锌还会导致智力发育不良、皮肤粗糙、脱发、多发性口腔溃疡、免疫功能降低等。

(3)应该如何补锌？

宜采用口服锌制剂为主，食疗为辅的方式补锌。锌制剂主要指的是硫酸锌、烟酸锌。以硫酸锌为例，不论是胶囊、片剂或水溶液制剂，一般用量是每日200～400毫克，分2～3次饭后服用，1～2周后，血清锌可回升至正常。注意如果服药剂量过大，会引起胃肠道反应，如食欲减退、恶心、呕吐、腹痛、腹泻等。食物中含锌丰富的有牦牛肉、家禽、豆类、核桃、瓜子类和麦芽等。

二、输血的知识

1. 输血的发展史

血液对生命的作用是不言而喻的。自古以来人们都把血液看得很神秘，认为它代表着亲情、象征着生命。像血浓于水、心血来潮、血气方刚等成语就说明了这些观点。古人还认为血液有某种神秘的力量，如传说中的妖怪总是喜欢喝人的血，或某人原来是正常的，喝了人血后就行为异常，有了特别的本事，等等。

输血是抢救大失血患者和危重患者的主要措施。输血，尤其是输新鲜血可增加患者抵抗力，纠正患者贫血。最早的输血试验是英国人罗维尔在1665年进行的。他把一条失血过多濒于死亡的狗的静脉与另一条健康狗的静脉用鹅毛管连接起来。随着血液流入失血的狗，它逐渐从濒死状态恢复过来。

1667 年，法国国王的御医丹尼斯首先进行了动物血液输入人体的试验。他将 400 毫升羊血注入一个失血多病的青年人的静脉，这个青年人竟奇迹般地活了下来。丹尼斯开创了人类输血成功的先例。此后他又进行了多次输血试验，患者也都安然无恙。但他在 1668 年的一次试验却以失败而告终。他给一名患者输动物血，第一次输血后病人病情有所好转；第二次输血后，病人出现发热、腹痛、大汗、血尿等症状，用现在的观点来看，这是典型的特异排斥反应；第三次输血后病人死亡。死者妻子状告丹尼斯犯有杀人罪，为此，法国议会特别制定法律禁止输血行为。

1825 年，英国的布伦德尔医生首次成功地从一个人直接输血给另一个人，但是这一成功具有很大的偶然性。据医书记载：19 世纪末叶有 346 人接受过输血治疗，另有 129 人被试图输入动物的血液。当时人们还没有认识到血型的差异，因输血导致的事故时有发生，因此，输血是要冒极大风险的。当奥地利生物学家兰茨泰纳发现人类的血型之谜之后，输血才成为一种安全的、救死扶伤的重要手段。

2. ABO 血型

在外行人看来，输血可能是件很简单的事情。其实血液能救命，也能成为夺命的杀手。不正当的错误的输血会招致恶劣的后果：重者足以致命，轻者也可能患上艾滋病、乙肝、丙肝、梅毒等各种血液传播性疾病，还可能伴随产生寒战、高热等不良反应。

为什么会出现这些危险情况呢？人们通过研究发现，人类的红细胞表面有凝集原（抗原），血清中有凝集素（抗体）。这些抗原抗体所表现出的特异性和遗传性就构成了血型系统的基础，其中，ABO 血型系统是 1900 年奥地利兰茨泰纳发现和确定的人类第一个血型系统。根据凝集原 A、B 的分布把血液分为 A、B、AB、O 四型（表 3-1）。红细胞上只有凝集原 A 的为 A 型血，其血清中有抗 B 凝集素；红细胞上只有凝集原 B 的为 B 型血，其血清中有抗 A 的凝集素；红细胞上 A、B 两种凝集原都有的为 AB 型血，其血清中无抗 A、抗 B 凝集素；红细胞上 A、B 两种凝集原皆无者为 O 型，其血清中抗 A、抗 B 凝集素皆有。

具有凝集原 A 的红细胞可被抗 A 凝集素凝集；抗 B 凝集素可使含凝集原 B 的红细胞发生凝集（图 3-1）。

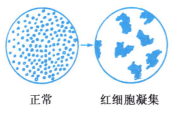

正常　　　　红细胞凝集

图 3-1

　　输血时若血型不合会使输入的红细胞发生凝集，引起血管阻塞和血管内大量溶血，造成严重后果。所以在输血前必须做血型鉴定。正常情况下只有 ABO 血型相同者可以相互输血。在缺乏同型血源的紧急情况下，因 O 型红细胞无凝集原，不会被凝集，可输给任何其他血型的人。AB 型的人，血清中无凝集素，可接受任何型的红细胞。但是异型输血输入量大时，输入血中的凝集素未能被高度稀释，有可能使受血者的红细胞凝集。所以大量输血时仍应采用同型血。临床上在输血前除鉴定 ABO 血型外，还根据凝集反应原理，将供血者和受血者的血液做交叉配血实验，在体外确证两者血液相混不发生凝集，方可进行输血以确保安全。

　　后来随着科学的发展，人们又发现了其他的血型划分方法，如 RH 血型系统、MN 血型系统等。在输血时这些都要考虑，最好是各种血型都一致再进行输血。

表 3-1　不同血型红细胞上的抗原和血清中的抗体

血　　型	红细胞上的抗原	血清中的抗体
A	A	抗 B
B	B	抗 A
O	无 A，无 B	抗 A，抗 B
AB	A 和 B	

　　现在为了保证受血者的健康，对供血者所做的检验就更多了，比

如丙氨酸氨基转移酶检测、乙型肝炎病毒表面抗原检测、丙型肝炎病毒抗体检测、艾滋病病毒抗体检测、梅毒检测试验等，使输血更加安全。

三、关于人脑的一些有趣的秘密

人的大脑是世界上最复杂、最完善的机器。它有100多亿个神经细胞，每天能记录生活中大约8600万条信息。据估计，人的一生能凭记忆储存100万亿条信息。所以人的大脑又是世界上最复杂的计算机。大脑每天要消耗掉人体所摄取全部能量的1/4以上。根据神经学家的部分测量，人脑的神经细胞回路比今天全世界的电话网络还要复杂1400多倍。下面我们就从另一个侧面来了解一下大脑的有趣活动吧。

1. 两个大脑半球的分工与合作

人的大脑有左右两半球，其形状好像两个合起来的拳头。它们在功能上有一定的分工：一般来说，左脑半球接收来自人体右侧的感觉信息，并控制人体右侧的动作；右脑半球则接收来自人体左侧的感觉信息，并控制人体左侧的动作。人的言语功能，包括说话、书写和计算能力，定位于左脑半球；右脑半球则具有描述空间结构、临摹和想象等能力。左右两半球之间，由两亿条神经纤维组成的胼胝体连接沟通，并以每秒传递40亿个神经冲动的高速，极为频繁地进行信息传递，使大脑两半球息息相关，协调一致，相互制约，形成一个自如的、高效的统一整体。

"裂脑人"是为了治疗某种脑部疾病，而通过手术将连接大脑两半球的胼胝体割断，而形成的有两个"独立脑半球"的人。"裂脑人"可以正常地存活，但他们的意识和行为却不可避免地受到这种脑损伤的影响，不可能同正常人一样了。美国一位48岁的老兵约翰，在第二次世界大战的时候，因头部受伤成了严重的癫痫病人（羊癫疯）。在无可奈何之中，医生为他切断了联系大脑两半球的桥梁——胼胝体。这么一来，他的癫痫发作症状有所缓解，然而精神活动却好像不正常了。吃饭的时候，他一只手把饭碗推开，另一只手又把饭碗往回拉，来来回回，也不知在搞什么名堂。早上起床，他一只手把裤子拉上来，另一只手又拼命地把裤子往下拉，直到把裤子扯成两半为止。将一张年轻女人照片的左半部和一张小孩照片的右半部，拼成一张照片，然后采用一种特殊的方法，使这张照片的左半部正好置于约翰的左半视野，右半部置于他的右半视野。要约翰指出看见了什么，结果，他手指年轻女人，但口中却果断地说："一个小孩！"这是多么奇特的现象啊！约翰仿佛被分成了"两个人"，他的大脑两半球被隔离开了，成了两个独立起作用的脑半球，有了两个独立的"意识"。他的左、右脑半球"老死不相往来"，不仅信息不通，连行动也互不配合。

2. 自己挠自己不会感觉痒

日常生活中我们不难发现，不论多么怕痒，我们挠自己时却没什么大的反应。这是因为我们的大脑能很好地识别自己和非己，将更多的精力注意到外部环境上。这对于人体是非常必要的，对躲避外来的危险、更加适应新的环境都有积极的意义。

3. 大脑越大越聪明吗

发达的智慧与大脑的重量密不可分，人的进化中大脑的重量在不断增加，大猩猩脑重不足 500 克，南方古猿脑重 700 克，北京猿人脑重 1075 克，现代男人的脑重平均 1325 克。但大的并不总是好的，一个拥有 2850 克硕大大脑的人，竟然是个白痴，而相对论之父爱因斯坦的脑重只有 1230 克，所以大脑的重量并不能完全反映出智商高低。实际上智商高低更大程度上与大脑皮层上沟回的复杂程度有关。大脑皮层的沟回越多，大脑皮层的表面积越大，大脑也就越复杂，人就越聪明。反之，大脑皮层平滑的人智商较平庸。

4. 我们的大脑仅利用了一小部分吗

很多人认为人类大脑仅利用了很小的一部分，其他的大部分区域都没有开发出来。因此就有人说，大脑是越用越聪明的，我们只利用了一小部分就已经取得了这么多成就，如果我们把大脑都利用起来会怎样呢？

但事实上，对大脑活动的研究显示，人类对大脑的使用率绝对不会太低。比如通过对大脑受损病人的观测发现：任何位置的大脑受损都会对大脑产生显著的、持久的影响。而大量大脑扫描数据显示：即使是简单的任务实际上也会引起整个大脑的活动，人们每天都在利用整个大脑。因此，大脑仅利用了一小部分的说法是没有什么根据的。

5. 盲人的听觉比我们更好吗

经研究发现，盲人的听力其实和常人差不多。但人的本能促使他们能更好地排除其他干扰，从而使他们能注意到常人不易察觉的声音信号。还有，盲人通过长期的无视觉生活，更加注意行走路线等外部环境的信息，从而逐渐增强了记忆力，大脑的其他区域也得到了更好的锻炼，所以他们的记忆力更好，听觉也好像更加敏锐。

6. 打哈欠可以使大脑保持清醒

打哈欠是一项人人都有的，从出生一直到生命的终结都要进行的生理活动。一次打哈欠的时间大约为 6 秒钟，在这期间人闭目塞听，全身神经、肌肉得到完全松弛。因此可以认为，打哈欠使人在生理上和心理上得到了最好的休息，对人体具有重要的生理保护作用。

打哈欠是大脑缺氧的表现，人体通过哈欠的深呼吸运动使血液中增加氧气，排出更多的二氧化碳，从而使人精力更加充沛。人困乏的时候往往是哈欠不断，以提醒人体，大脑已经疲劳，需要睡眠休息，所以打哈欠也是一种催眠的方法。当人即将进入紧张工作之前，也常会哈欠连连，这可能是人体欲借助深吸气使血液中增加更多的氧气，提高大脑的活动能力。

7. 保持脑健康的最好办法——运动

人到老年，随着循环系统不断衰老，供应给脑细胞的血液逐渐减少，导致它们所需的氧气和葡萄糖严重匮乏。常规运动可以增加大脑中小血管（毛细血管）的数量，增加血管给神经元提供的氧气和葡萄糖量。事实上，运动是在晚年保持认知能力的一种最有效的方法；一生不间断运动的老年人比不爱运动的同龄老年人的精神更好。要想有效果，每次运动时间必须持续 30 分钟以上，每周运动几次，以提高心率，但是没必要给自己施加太大压力，快速步行就能产生很好的效果。

第二章　人类的衰老与疾病

一、我们为什么会慢慢变老

自古以来，长寿就是人们的美好愿望，甚至有很多人梦想长生不老。相传秦始皇曾派卢生带弟子从现在的秦皇岛到东海求仙，寻找长生不老的秘方。民间也有很多方士炼丹以求制得长生不老药。但始终没有人能够长生不老。自古就有人生七十古来稀的说法，生老病死是自然法则，不管是谁，出生之后都要经历幼年、少年、青年、中年、老年，最后死亡。那么我们为什么都会慢慢变老呢？这是古往今来人们最关心的问题，也是医学科学家尚未解决而正在探索的一个自然之谜。

1. 衰老的原因

人的衰老，实际上就是细胞的衰老。科学家发现，构成人体的500～600万亿个细胞，其寿命都有一定的限度。胎儿的细胞在体外培养，大约能分裂50次左右才衰老死亡；20多岁的年轻人细胞分裂次数减少，接近30次；70岁以上老人的细胞，放在培养液中，样子干瘪而且很多分叉，只能分裂10多次，并显得有气无力。在人工培养条件下，即使采用最好的培养方法，都拯救不了它的命运。

随着科学的发展，科学界提出了各种学说解释衰老的原因，其中越来越受人们认可的是自由基理论。细胞中原子是由原子核和围绕核的电子所组成的。通常电子是成对出现的，当原子或分子含有一个或更多不成对电子时，即成为自由基。这种没有配对的电子特别不稳定，要寻找其他正常原子的电子配对，这样就改变了正常分子的结构。

众所周知，氧是提供能量的保障，但氧也可能变成生命的杀手。通常吸入体内的氧气有98%被正常利用，其余变为氧自由基，又称活性氧。它们带有一个或多个不成对电子，成为活跃的、不安定的自由基，这些自由基就会与其他处于和谐安定状态的基团结合，从而影响相关分子的结构，这些分子结构改变后，又可以形成新的自由基，它们再去破坏其他的正常分子，这样就会引发生命活动的一系列紊乱。而且这个紊乱是持续的、越来越严重的。氧自由基"腐蚀"正常细胞，会使细胞衰老，最终导致人体产生各种疾病，如皱纹、晒斑、黄褐斑、老年斑、心脑血管病、癌症、老年性痴呆、白内障、糖尿病、酒精性肝损伤、过敏症、炎症、免疫力低下、帕金森氏症等。这就是为什么人到老年病会越来越多、越来越重的原因。

2. 衰老的表现

(1)慢性炎症。随着年龄增长，人体器官发炎越来越多，例如关节炎、脑梗塞、动脉硬化、心肌梗塞，等等。

(2)基因突变。许多外界环境物质或人体内部因素的影响都能导致人体内的"原癌基因"被激活，导致基因突变，进而导致正常细胞癌化。比如我国现在很多地方由于环境污染出现了"癌症村"。

(3)细胞能量枯竭。细胞的"动力工厂"——线粒体逐渐被细胞积累的各种有害物质侵袭。导致细胞能量不足，引起各种病变，如心梗、肌肉组织衰退、慢性疲劳、神经性疾病等。

(4)神经系统老化，激素失衡。我们身体里的亿万个细胞在神经和激素的调节下，才能和谐地同步工作。随着衰老，这种和谐被破坏，从而引起各种疾病，包括抑郁症、骨质疏松、冠状动脉硬化。

(5)钙化作用。正常情况下，钙离子通过细胞上的特殊通道进出细胞。身体衰老后，这些通道遭到破坏，导致脑细胞、心瓣、血管壁里积聚过多的钙。

(6)非消化酶不平衡。细胞内经常进行多种同步的酶反应。随着机体老化，这些酶反应渐渐失去平衡，随后造成神经学疾病、中毒性组织损伤。

(7)消化酶不足。机体老化后，胰腺渐渐枯竭，无法产生足够的酶，结果造成消化系统慢性机能不全。

(8)血液循环衰竭。随着年龄增长，人体毛细血管的渗透性遭到破坏——包括大脑、眼睛和皮肤。由此引起大、小中风，视力减退，出现皱纹。

3. 怎样预防衰老

要预防衰老，其实也没有特殊的办法。有些广告说吃了某某保健药品就会预防衰老，往往没什么科学依据。最好的办法还是从自身做起，从日常生活中的习惯做起。比如以下几点：

(1)起居有常

谈到生活规律，就是指一天的安排要形成良好的规律，如保证充足的睡眠，不过早起床也不经常熬夜。可根据一年四季适当调整起居饮食时间，也就是中医所说的"顺应四时"。这就是"天人相应"的思想。生活有规律可以使人体各个系统功能较为正常，有利于营养的消化吸收，使人有充沛的体力去工作。

(2)饮食有节

不要暴饮暴食、食无定时、食无节制、挑食偏食，否则时日一久就会造成营养过盛，或营养的不均衡，从而出现高血脂、高血压、糖尿病、肥胖等多种饮食不合理造成的疾病。过量饮酒还会造成脂肪肝及酒精性肝硬化。所以最好在家吃饭，因为家里可根据身体情况做到营养合理，荤素搭配，食量适度。人到中年后，要多吃蔬菜、水果和高蛋白(如牛奶、鸡蛋等)、低脂肪的食物。这样可以预防心脑血管疾病或延迟一些中老年疾病的发生。

(3)适当运动

现在有很多人因为工作忙，抽不出时间运动。要想增强体质，提高抵抗力，还是要坚持每天运动1小时以上。生命在于运动，再忙也不能拿自己的健康不当回事。适度的体育锻炼可以促进血液循环和新陈代谢，调节神经系统的反应能力，增强和提高免疫力；运动还可以增加饮食，提高睡眠质量。但在锻炼身体的时候，要根据自己的年龄、身体状况采取适合自己的锻炼方式，如爬山、散步、跑步、游泳、打球等。还要做好锻炼前的准备、锻炼中的运动限度和锻炼后的休息保养这三个环节，这样才能达到锻炼的最佳效果。

二、糖尿病

随着人们生活水平的日益提高，糖尿病的发生率日渐升高，目前已成为继肿瘤、心血管病之后的第三大严重威胁人类健康的慢性疾病。糖尿病是由于胰岛 B 细胞的破坏或功能衰竭造成的，是隐性遗传病，因为几乎所有的糖尿病患者，尤其是幼年发病者，都有一两位长辈是糖尿病患者。大约 4‰的人一生中的某个时期可能发生某种程度的糖尿病。

老年人，尤其是肥胖者，常发生轻度的糖尿病。只要他们继续吃得很多，血糖浓度就不会下降，但节制饮食，血糖常能恢复正常。肥胖的致糖尿病作用主要是由于血液内有过多的脂肪酸，抑制葡萄糖代谢造成的。

1. 糖尿病的症状

早期无症状。发展到症状期，临床上可以出现"三多一少"。即多尿、多饮、多食、疲乏、消瘦等症状。

糖尿病的后期症状包括：视力下降，甚至失明，也可能引起白内障、青光眼等疾病；上下肢尤其是下肢出现隐痛、刺痛或烧灼样痛，甚至出现麻木感，夜间或寒冷季节加重；面色红润，皮下出血或淤血，甚至发现浅表溃疡，多见于足部，慢性腹泻或便秘、阳痿、阴道炎；少数病人出现心律失常，导致猝死。

2. 糖尿病的病因

糖尿病的基本病理是由于胰岛素绝对或相对不足而引起的糖、脂肪、蛋白质和继发的维生素、水、电解质代谢紊乱。正常人的血糖浓度为 80～120mg/dL。在由肾脏形成尿液时，经肾小球滤过形成原尿，原尿的葡萄糖浓度与血浆一致，也是 80～120mg/dL，正常人能通过肾小管和集合管把原尿里的葡萄糖全部重吸收回来，所以正常人的尿液里是没有葡萄糖的。糖尿病病人由于胰岛 B 细胞受损，导致胰岛素分泌不足。而胰岛素是唯一能降低血糖浓度的激素。当它分泌不足时，病人的血糖浓度就会升高。当血糖高于 160～180mg/dL 时，肾脏就不能把原尿里的葡萄糖全部重吸收回来。一部分葡萄糖就随着尿液排出了。如果经医学检查发现空腹时血糖浓度高于 130 mg/dL，就称为高血糖。在餐后血糖 160～180mg/dL 结合尿糖检验存在，就可以确诊为糖尿病了。

3. 糖尿病的治疗与研究进展

对于轻微的糖尿病，只要注意饮食再配合口服降糖药物就可以了。对于胰岛素缺乏型患者，就要采取注射胰岛素的方法了。当然，一定先要到医院进行检查，让医生根据病情采取相应的治疗措施。

糖尿病人一开始血糖浓度也是正常的，为什么后来却升高了呢？科研人员发现定位在人类 11 号染色体上的一个基因与糖尿病有关。这一基因发生突变或不正常表达会导致糖尿病患者体内催化胰岛素前体转变为胰岛素的特异蛋白酶变异或失活，进而导致他们的胰岛 B 细胞分泌的胰岛素是不成熟的，即幼稚型胰岛素。这样的胰岛素的降糖作用很低，就导致了患者出现了高血糖和糖尿症状。既然弄清了病因，相信不久的将来就可以从根本上治疗糖尿病了。

三、你对癌症了解多少

生物体的体细胞都是由受精卵通过有丝分裂增殖而来的，这个过程是高度程序化的，什么时候、由哪些细胞怎样形成上皮、肌肉、神经、结缔等组织，以及怎样由这些组织构成各种器官，还有这些细胞什么时候死亡、被怎样的新细胞更新，甚至产生新细胞时要分裂几次，都是有着严密的程序的。这些程序都是由细胞核里染色体上的基因控制的。在整个个体发育过程中，绝大多数的细胞能够正常地完成细胞分化。但是，有的细胞由于受机体内部因素或外界因素的影响，变成了不受机体控制的、连续分裂的恶性增殖细胞，这种细胞就是癌细胞。

1. 致癌因子

引起细胞癌变的致癌因子，可分为物理因子（电离辐射、X 射线、紫外线、核辐射等）、化学因子（砷、苯、煤焦油等）、生物因子（病毒）。比如第二次世界大战时期美国往日本投了两个原子弹后，强烈的核辐射导致很多人死于癌症。癌症的发生与人体的生活方式、饮食习惯等也有密切的关系。如高糖、高脂肪、低纤维的饮食习惯易患结肠癌；食品中的硝酸盐、亚硝胺、黄曲霉素对肝癌有诱发作用；常食烟熏食品人群中胃癌高发；吸烟可诱发肺癌、胃肠癌；苯类物质易诱发膀胱癌；射线辐射是诱发白血病的重要因素。

2. 癌细胞的主要特点

（1）能无限增殖。在人的一生中，体细胞能够分裂 50～60 次，而癌细胞却可以不受限制地长期分裂下去。

（2）细胞的形态结构发生了变化。如正常的成纤维细胞呈扁平梭形，成为癌细胞后就变成球形的了。

（3）细胞表面也发生了变化。由于细胞膜上的糖蛋白等物质减少，使得癌细胞之间黏着性降低，导致癌细胞容易在机体内扩散和转移。

3. 癌细胞人人都有

癌细胞几乎人人都有，这并非危言耸听。

病理学家经过大量尸体解剖和病理检查后发现，死亡原因虽然不同，但几乎每个人的体内都能检出癌细胞。只不过绝大多数人体内癌细胞很少，尚未形成癌肿，人们并无任何不适，只有通过病理切片在显微镜下放大后才能看到。

在外界电离辐射、化学物质污染、不良饮食和体内环境改变等许多致癌因素的伤害下，人一生中一个癌细胞都不出现几乎是不可能的。

癌细胞是正常人体正在发育中的已成熟的细胞，在致癌因素的作用下，细胞内酶及细胞核发生异常变化（所谓基因突变）而形成的。在致癌因素的作用下，首先形成核异质细胞，呈不典型增生，人体通过调节自身免疫力可消除这些核异质细胞，不典型增生绝大部分可逆转为正常。但如果致癌因素较强，持续存在或人体免疫能力下降，核异质细胞、不典型增生就可发展为重度不典型增生(癌的病变)或癌细胞。劫后余生的癌细胞迅速无节制地繁殖生长，就形成了"一点癌"，甚至较大的癌肿。从核异质细胞到癌肿形成有时长达15年至30年之久。

癌肿发展到一定程度，人们就会感到不适，去医院就医。虽然医生可通过核磁共振、CT、B超、胃镜等检查发现癌肿，但往往为时已晚，癌肿早已广泛转移，丧失了治疗良机。

4. 癌症的最新疗法

(1)免疫疗法

常见的疫苗——如乙肝疫苗、狂犬病疫苗等，在控制传染病方面具有独特的预防作用。但肿瘤疫苗却用于治疗，它是利用肿瘤细胞或肿瘤抗原物质诱导机体的特异性细胞免疫和体液免疫反应，增强机体的抗癌能力，阻止肿瘤的生长、扩散和复发，因此称它为肿瘤特异性主动免疫治疗。

免疫疗法包括以下三种：

①肿瘤细胞及其衍生物疫苗：即原始的肿瘤疫苗，它是以灭活的自身肿瘤细胞或其某种物质作为抗原进行免疫治疗。

②通过肿瘤相关抗原(TAA)、肿瘤特异抗原(TSA)以及肿瘤抗原肽疫苗来进行免疫治疗。

③肿瘤基因疫苗：这是通过基因工程，将目的基因导入受体细胞所制备的疫苗，也是目前发展最快，备受人们重视的一个研究领域。这种疫苗可以增强肿瘤细胞的免疫原性，提高机体抗瘤能力，基因表达的产物能直接抑制癌细胞活性。但这种新型瘤苗的研究目前还处于实验阶段。还有不少问题需要进一步研究解决，相信随着肿瘤免疫学的发展和科学技术的进步，肿瘤基因疫苗一定会成为最有效的肿瘤治疗手段。

(2)纳米疗法

美国科学家最近发现，杀灭兔子体内的癌细胞时可以先向癌细胞注射碳纳米管，然后用无线电波对碳进行加热，结果成功地摧毁了癌细胞，而对周围的健康组织只造成了很小的伤害。这一疗法目前还处于研究阶段，科学家希望能制造出能够检出癌细胞并能选择性地自主进入癌细胞的纳米颗粒，估计还需要3~4年才能进行临床实验。

四、常见的遗传病简介

1. 白化病

一种皮肤及其附属物色素缺乏的遗传病。常见的是全身性白化病，也有少数白化病人属于局部性白化病。患者皮肤呈淡红色，毛发银白或淡黄色；虹膜呈淡红色或淡灰色，半透明，瞳孔淡红，视网膜无色素、羞光，眼球震颤，视力下降；病人对阳光很敏感，日晒后，皮肤可增厚并发生鳞状上皮癌。

白化病有多种遗传方式。全身性白化病属常染色体隐性遗传方式，只有当个体为隐性纯合子（aa）时，才表现为白化病。通常白化病患者的父母为表型正常的杂合子（基因型为Aa），是致病基因的携带者，下一代有1/4的发病风险。局部白化病为常染色体显性遗传，眼白化病（皮肤、毛发均正常）为X伴性隐性或常染色体隐性遗传。

白化病遍及全世界，总发病率约为1/10000。对白化病目前尚无有效的治疗方法，因此应以预防为主。禁止近亲结婚是重要的预防措施之一。对此病也可做产前诊断。在妊娠4~5个月时，通过胎儿镜取胎儿一小块皮肤，在电子显微镜下检查胎儿是否患者白化病，以避免患儿的出生，达到优生的目的。

2. 红绿色盲

色盲症首先是由18世纪英国著名的化学家兼物理学家道尔顿发现的。为此他写了篇论文《论色盲》，成为世界上第一个提出色盲问题的人。后来，人们为了纪念他，又把色盲症称为道尔顿症。

先天性红绿色盲为伴X染色体隐性遗传，男多于女，双眼视功能正常，对红绿颜色分辨不清。我国男性色盲发病率约为4.71%，女性色盲发病率约为0.67%，色盲基因携带者的频率为8.98%。

人的视网膜上有一种感光细胞——锥细胞，它有红、绿、蓝3种感光色素。每一种感光色素主要对一种原色光产生兴奋，而对其余两种原色光产生程度不等的反应。如果某一种色素缺乏，则会产生对此种颜色的感觉障碍，表现为色盲或色弱（辨色力弱）。凡从事交通运输、美术、化学、医药等工作的人员必须有正常的色觉，因此，色觉检查就成为服兵役、就业、入学前体检时的常规项目。

3. 血友病

血友病是一种伴 X 隐性遗传病，分为血友病 A、B、C 三种。血友病 A，亦称先天性或遗传性因子Ⅷ缺陷症，是血友病中最常见的一型，约占 85％。血友病的发病率为 $1/100000 \sim 1/200000$，且不认为有明显的地区和种族差异。

血友病的主要临床表现为出血倾向，由于患者血浆中缺乏某种凝血因子，患者的血管破裂后，血液较正常人不易凝结，因而会流失更多的血。体表的伤口所引起的出血通常并不严重，而内出血则严重得多。内出血一般发生在关节、组织和肌肉内部。当内脏出血或颅内出血发生时，常常危及生命。

目前对血友病尚无根治办法。治疗主要考虑缩短血友病病人出、凝血时间，减轻出血，减少输注凝血因子次数。血友病 A 的治疗仍以替代疗法为主，但其高昂的治疗费一般家庭根本无法承受，而且易传染艾滋病及病毒性肝炎等各种传染病。

4. 苯丙酮尿症

苯丙酮尿症是一种常染色体隐性遗传病，同时又是先天性氨基酸代谢障碍病，在我国发病率为 $1/10000$，生过一个病儿的母亲再次生育时发病率为 25％，近亲婚配中发病率明显增高。

新生儿期常无症状，偶尔嗜睡或喂养困难。未经治疗的患者智能发育迟缓，一般程度较重。由于黑色素缺乏，患儿的头发、皮肤和眼睛的颜色比其他家庭成员浅。某些患儿可出现婴儿湿疹样皮疹。可出现许多神经症状和体征，影响反射。年长儿可有癫痫小发作和大发作，表现出多动和精神病状态。由于尿和汗液有苯乙酸存在，出现令人极不愉快的鼠尿味。

产前诊断可以更好地避免患儿的出生。如了解家族病史，以及从培养的羊水细胞或绒毛膜标本中分离出 DNA，进行基因诊断。对某些家庭，也可以进行有关基因突变的分析。由于通常在新生儿中缺乏症状，实验室筛查是强制性的。如果婴儿有该病的家族史，应在 1 岁内定期检查尿液，一般每周一次。

对这种疾病来说，应该终生控制饮食，并检测食物中的苯丙氨酸含量，根据年龄及时调整，做到食物提供的苯丙氨酸恰好满足人体需要而不超标。由于所有天然的蛋白质都含有 4% 左右的苯丙氨酸，所以既要满足蛋白质的需要而又不超过苯丙氨酸的需要量是不可能的。因而应给患者提供不含苯丙氨酸的完全食物，这种做法在美国已广泛使用。其他一些低蛋白的天然食物，如水果、蔬菜、某些谷类等是可以进食的。治疗必须从出生后第一天就开始，以免发生智能发育迟缓。及时正确的治疗可以使患者发育正常，并防止中枢神经系统受到影响。

5. 并指——常染色体显性遗传病

患者有两个以上手指部分或全部组织成分先天性病理相连（图 3-2、图 3-3）。患者的子女发病率为 1/2。2001 年在深圳市人民医院出生一个并指患儿。该家系从曾、祖、父到现在这个婴儿，共有 4 人（三男一女）出现多指并指现象。这几人除手指畸形外，身体其他部位发育均正常。思维、反应及语言表达和正常人没有明显区别。

美国科学家对 3 个美国家系进行的研究发现，多指并指发生者的基因突变位于 2 号染色体长臂上，另有一位专家通过对一个患有"复杂双侧多指（趾）"的家系进行连锁分析，确定其基因定位于 7 号染色体长臂上。国内尚没有找到有关多指并指的致病基因。

图 3-2

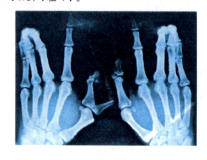

图 3-3

第三章　人类生物学的进步与争鸣

一、试管婴儿

试管婴儿是指通过体外受精形成受精卵，再将受精卵在体外培育成早期胚胎，最后用胚胎移植方式使妇女受孕而生出的婴儿。与之相对，正常的婴儿是在体内受精并发育成胚胎的。人类第一例试管婴儿于 1978 年 7 月 23 日诞生在英国，婴儿名字叫路易斯布朗。她的母亲由于输卵管堵塞不能生育。妇产科医生与剑桥大学的生物学教授合作，成功地从婴儿母亲卵巢卵泡中取出卵细胞，并采取了婴儿父亲的精液，使卵细胞和精子成功地在试管中完成受精。把受精卵放在盛有特制营养液的试管中，保持和体温一样的温度，使受精卵发育到胚泡时期，再移植到母亲的子宫内，完成发育过程，直至诞生出一个健康的婴儿。因此，这个技术是治疗某些不孕症的好办法。我国第一例试管婴儿于 1985 年 4 月在台湾诞生；我国大陆的第一位试管婴儿于 1988 年 3 月在北京医科大学附属第三医院诞生。据不完全统计，从 1978 年到 1988 年十年间，全世界已出生了 7000 多个试管婴儿。可以说试管婴儿技术已经相当成熟。

二、克隆人——我们的福音还是噩梦

1996 年，继英国科学家培育出克隆羊"多莉"（图 3-4）之后，克隆牛、兔、猴、小鼠等克隆哺乳动物相继问世。有科学家预言，这些哺乳动物的克隆成功，标志着克隆人从技术上已经不存在很大的障碍。但因克隆人会带来很多伦理、社会方面的问题，而遭到了世界上绝大多数科学家的反对。不过也有个别科学家在继续从事这方面的研究。

2002 年 12 月 27 日，46 岁的法国女科学家布里吉特·布瓦瑟利耶宣布，"世界上第一个克隆婴儿已经降生"。该消息未及证实，又传来"第二个克隆人"诞生的消息。一时间，人们谈克隆人色变。他们为何要执意冒天下之大不韪，不断进行克隆人的试验？克隆人将给世界带来什么？

支持者认为："克隆人"技术能使千千万万不孕症患者实现做父母的愿望；能使那些痛失骨肉的亲人重温天伦之乐；能为许许多多不治之症找到新的治疗方案；能创造巨大的物质财富和社会效益……总之，

图 3-4

简直就是科学界、医疗界、全人类的新曙光。反对者言之凿凿："克隆人"的出现将对现有社会的家庭结构、伦理体系造成巨大冲击；会成为恐怖主义分子犯罪的工具；制造大量基因结构完全相同的"克隆人"可能诱发新型疾病的广泛传播；就目前技术而言，无法保证"克隆"的安全性，可能出现流产、早产、死胎、畸形等不良结果，等等。

事实上，一旦克隆人获得成功，将对我们的社会造成巨大冲击：

(1)生态层面，克隆技术导致的基因复制，会威胁基因多样性的保持，生物的演化将出现一个逆向的颠倒过程，即由复杂走向简单，这对生物的生存是极为不利的。

(2)文化层面，克隆人是对自然生殖的替代和否定，打破了生物演化的自律性，带有典型的反自然性质。与当今正在兴起的崇尚天人合一、回归自然的基本文化趋向相悖。

(3)哲学层面，通过克隆技术实现人的自我复制和自我再现之后，可能导致人的身心关系的紊乱。人的不可重复性和不可替代性的个性规定因大量复制而丧失了唯一性，丧失了自我及其个性特征的自然基础和生物学前提。

(4)血缘生育构成了社会结构和社会关系。为什么不同的国家、不同的种族几乎都反对克隆人，原因就在于这是另一种生育模式。现在单亲家庭子女教育问题备受关注，就是关注一个情感培育问题，人的成长是在两性繁殖、双亲抚育的状态下完成的，自古以来一直如此，克隆人的出现，社会该如何应对，克隆人与被克隆人的关系到底该是什么呢？这些问题无人能够解答。

（5）身份和社会权利难以分辨。如果有一天，突然有一个和你一模一样的人来代替你现在的位置而把你悄悄处理掉，或他到你的生活中以假乱真，你是不是觉得很可怕？即使不这样，有许多克隆后代来分割你的财产，不也是一件很为难的事情？

三、科学进步的双刃剑

1. 二十四小时清醒药丸

最近，美国国防部高级研究规划局测试了一种 CX717 药物，受测者在服用了这种药物之后，能够在战场连续 20 小时不睡觉。每天只睡 4 个小时，剩余时间保持警醒，思维活跃，这倒是让人充满了遐想。与此同时，英国军方正试验一种可令士兵不会感到疲倦、连续两日保持清醒的药物"莫达非尼"（Modafinil）。该药原用于治疗罕见的嗜眠症。"莫达非尼"品系的新药"Armodafinil"甚至能让人保持更长时间的清醒，从而使其成为取代咖啡因的新一代醒觉药物。目前正欲申请获得美国联邦食品药品管理局（FDA）批准。军人服用了这种药物，可以几天不睡觉依然保持注意力高度集中，这就可以避免战争时难以抑制的瞌睡给敌人造成的可乘之机。对于年轻人来说，可以在服用了这种药后，长时间充满激情地工作，或进行彻夜狂欢。

对于这种药丸，支持者认为："我们有可能会成为第一个真正全天二十四小时不休息的物种。"但我们对征服睡眠的后果实在是知之甚少。据报道，老鼠在连续 17 天不睡觉后会一命呜呼。那么我们长时间不睡眠是不是也会对身体造成损害，这是大家非常担心的事。还有，从机理上说，"清醒药丸"似乎作用于一个或两个神经传递素。而一般情况下，只有四个至五个神经传递素共同发挥作用，才能让人自然地保持清醒。所以，我们要真正地征服睡眠而没有副作用，还有很长的路要走。

2. 人类具备再生能力

壁虎在遇到紧急情况时，尾巴会掉下来并不断摆动，以吸引敌害，而它自己则逃之夭夭。很多动物若是肢体或是身体其他部分受损，它们可以再生出新的肢体或是在不留下任何伤疤的情况下使伤口痊愈，但哺乳动物尚不具备这种再生能力。面对意外伤害造成的人类肢体残缺，人们期望自己也会像壁虎一样拥有再生能力。美国杜兰大学细胞生物学家肯·穆尼奥卡说："这显然是一个很大的难题。"根据美国国防部高级研究规划局最近一项投入760万美元的研究项目，两个科研小组将尝试改变人类这一进化缺陷，赋予人类再生能力。

通过对人类和老鼠的基因组的比对发现，人类和老鼠是近亲，拥有99％的同源基因。所以在老鼠身上做实验就是人类医学研究的捷径。美国国防部高级研究规划局希望科学家能在四年内再生老鼠爪子。一旦这一目标实现，科学家下一步会顺理成章聚焦于人类再生能力的研究。

有科学家表示，他们曾切掉或损毁实验鼠的不同器官，如足趾、尾巴、耳朵，甚至心脏组织，尽管并没有原来那么完整，但这些器官或组织确实重新生长出来了。这项研究显然具有不同寻常的意义，也许可以改变被截肢者的一生。科学家相信，在把细胞成分和细胞外成分（如激素、维生素A、成纤维细胞）混合后，用于新近截肢处，可让它们逐渐再生。还有科学家信心十足地说："我们能在九个月内完整再生一个人。肢体再生也许有一天是轻而易举之事。"

我们都知道，在人类每学会一项新技术后，都会对原有的自然规律造成冲击，而且技术越先进，造成的冲击越大。因此，有很多人对这项研究表示担心。有一天会不会有人说：我有两条左腿！如果老年人觉得自己的脑袋不好使了，可不可以砍掉再生一个？如果这些实现了，人们会不会长生不老？这样会不会打破自然界本来的生老病死规律？人口会不会更加膨胀？这些问题，都需要我们进一步思考。

第四章　人类进化的历程

　　人类的出现是生物进化史上的重大事件，也是生物发展史上的一次重大飞跃。如果把生物进化的全部时间看作一天，那么人类是在最后1秒出现的。人类出现以后，地球上的生物演化秩序逐渐被人类干扰和控制，随着人类工业文明的开始，人类对地球环境的影响也越来越大，现在人类已经真正成为地球的主宰。人类有语言，会劳动和制造工具，从这个意义上看，人类已脱离了动物范畴。研究表明，人类由猿类分化出来，并逐步发展为现代人，是通过劳动和若干次飞跃而实现的。下面我们来了解一些人类进化的知识。

　　1. 人类进化的几个特征

　　和其他动物相比，除了语言、思维以外，我们自认为天经地义的几个特点，其实都是十分优越的进化的特征。比如：

　　(1)双眼在前。双眼在前是向人类进化的必要条件之一，只有拥有在前面的双眼，才可以形成三维图像，这可以使人更直观、更清楚地了解世界，同时也有利于大脑的进化和手的精细化。

　　(2)群居生活。群居生活当中的相互合作是社会生活的开始。在群居生活里，人们必须相互交流，相互利用。其中正面的团结友爱和负面的尔虞我诈都会促进大脑的发展。

　　(3)直立行走。直立行走的出现进一步促进了人类的进化。在坦桑尼亚发现的脚印化石(图 3-5、图 3-6)表明，3500 万年前就出现了能够直立行走的人类。

　　(4)嘴巴后移。嘴巴向前突出的动物，比如我们常见的马、牛、羊，它们的前肢就不能辅助进食，因为突出的嘴巴本身可以更方便地摄食。而人类的嘴巴后移了，其主动取食功能就逐渐退化，变成越来越依靠手来辅助进食。人类直立行走后，手从支撑体重的任务中解放出来，变得越来越灵巧，从而在生命活动中起着越来越重要的作用。

图 3-5　类人猿(猩猩、黑猩猩、大猩猩)的脚印　　　图 3-6　人类的脚印

2. 人类进化的几个阶段

人类的发展可以分为古猿、直立人(猿人)、早期智人(古人)和晚期智人(新人)四个阶段。

（1）古猿阶段

人是从古猿中的一支演化而来的。国际上普遍认为人类分化是从腊玛古猿开始的，其时间大约为距今 1400 万～800 万年前。腊玛古猿是从猿到人的一个过渡类型，是人类最早的祖先。它们开始离开森林来到广阔的草原生活。

之后的化石代表为南方古猿。最早的南方古猿出现于距今 400 万～300 万年前，雄性明显远比雌性为大，它们能够以足直立，步履蹒跚，双手能较长时间离开地面并能够制简单的工具。但它们仍保持着灵长类远祖的攀缘的特征，所以它们的行走还不能被称为直立行走。南方古猿既无强壮的身体，又无快速奔跑的能力，恶劣的环境也使它们向前进化，它们的大脑逐渐变得发达，脑容量约为现代人的三分之一，而且能够制造更复杂的工具了。

（2）直立人阶段

直立人是人类的直接祖先，大约生存于距今约 200 万年到 30 万年前。直立人头骨低平，眉脊骨突出，牙齿较大，他们已经能制造石器，是最早能制造工具的人。除了已经会制作较为复杂的石器工具外，他们开始会用火了。

北京直立人化石是 1929 年 12 月在北京周口店龙骨山首先发现的。北京直立人生活时代距今约 50 万～24 万年(黄培华曾测定年龄为 57.8

万年，1989)。到目前为止，已发掘出 40 个左右的男女个体和约 10 万件石器，并首先发现世界上人类用火的遗迹。此外，还发现了 100 多种动物化石。北京直立人遗留的化石之丰富，在周口店居住时间之长，都堪称世界第一。

会用火是人类进化的里程碑，这不仅会使其他猛兽望而生畏，而且从此改变了人类的饮食，从而对食物的消化能力大大提高了，也使人们的牙齿和肠胃得到了较好的保护，这就使人的寿命大大提高。

此时的人类，甚至开始有了对美的追求，开始用一些动物的骨骼、贝壳来打扮自己了，这也反映出人类已经从每天忙于摄食中解放出来，可以从事其他的一些活动。而只有这样，才可能产生各种社会分工，比如妇女采摘野果，男子狩猎，还有专人从事打磨石器等。劳动力的剩余也使剥削成为可能，这就有了社会的雏形。

(3)早期智人阶段

早期智人已能用兽皮蔽体，他们采用人工取火御寒，广泛采用修理石核技术来制造石器，后期可能已具备了组成原始社会的条件。在德国发现的尼安德特人就属于早期智人(古人)阶段。距今约 10 万年到 5 万年前，文化阶段相当于旧石器中期。尼安德特人的下颌突出，眉脊高，鼻子很大，适合在寒冷地区生活，他们的智商已经与现代人相差无几了。他们会制长矛、刀、刮刀、骨器，比如把鹿角做成长矛。1969 年发现了和尼安德特人生活在同一时期的猛犸象骨骼，这些骨骼很有规律地排列在一起。很显然，这些猛犸象是被人猎杀的。也就是从这时开始，人类真正地凌驾于其他生物之上了。研究表明，人类从草食性的灵长类动物一跃而成为肉食性动物之后，人类的进化速度又进一步加快了。

我国已发现的早期智人化石有广东曲江县的马坝人(距今 12 万年)，湖北西部的长阳人(距今 19.6 万年)，山西襄汾的丁村人(距今 10 万年)等。欧洲的莫斯特文化，西亚的勒瓦娄哇文化与此阶段文化相当。

（4）晚期智人阶段

克鲁马奴人属于晚期智人（新人），大约生活于距今2.8万～1万年，文化期相当于旧石器时代晚期。晚期智人在同自然界斗争的过程中，劳动经验和技能都有了更大的进步，已经会用火煮食物，用骨针、兽皮缝制衣服，并开始捕鱼。此外，还能从事艺术活动，制造装饰品。这一阶段的人类化石除具有某些原始性质外，已基本上和现代人相似，并逐渐发展成为现代全世界的各色人种。

1933年在周口店发现的山顶洞人也属于晚期智人，同时还发现不少钻孔的石珠、蚌壳、兽齿等装饰品，以及缝制衣服的骨针等。1951年在四川发现了资阳人。除此，广西柳江、内蒙古乌审旗等地也都有晚期智人化石发现。另外，早年在鄂尔多斯地区发现的河套人，近年也将其归属于晚期智人。欧洲的晚期智人文化分为奥瑞纳、梭鲁特、马格德林三期。

3. 从史前文明到现代文明

人类在全新世进入现代人阶段。早期属于新石器文化时代，人类会磨制石器，以后又会制作陶器，并且有了农业和畜牧业。此后人类进入铜器时代、铁器时代，直到现代。人类从使用天然工具到自己制造工具，从应用天然火到人工取火，从石器时代到金属时代，一直到电能、原子能时代，历史文明不断前进。这一切也说明人类在改造客观世界的同时也逐步改造了人类本身的历史。

人类出现以后，地球被人类改造的速度远比自然演化的速度要快得多。在亿万年的历史长河中，从来没有像今天这样，地球被人们装饰得如此绚丽多彩。然而，当前已经有许多事实给人类敲起警钟：森林的过度砍伐导致地球吸收二氧化碳的能力越来越差；毁林造田，超载放牧造成水土流失日益严重，土地矿藏的过度开采导致能源枯竭；工业排污，环境污染，大气二氧化碳急剧增加导致温室效应，等等。我们作为地球上的公民，地球上最高等的一个物种，应肩负起自己应该承担的责任，使地球更加和谐地、可持续地发展。而不能违背自然规律办事，急功近利，贻害子孙。

第四篇　迷人的微生物学

微生物学是生物学的分支学科之一。它是研究各类微小生物(细菌、放线菌、真菌、病毒、立克次氏体、支原体、衣原体、螺旋体原生动物以及单细胞藻类)的形态、生理、生物化学、分类和生态的学科。

自古以来，人类在日常生活和生产实践中，已经觉察到微生物的生命活动及其所发生的作用。中国利用微生物进行酿酒的历史，可以追溯到4000多年前的龙山文化时期。殷商时代的甲骨文中就刻有"酒"字。北魏贾思勰的《齐民要术》(533—544)中，列有谷物制曲、酿酒、制酱、造醋和腌菜等方法。

微生物学又是一门年轻的学科，是当今最为活跃、发展最为迅速、影响最大的生命科学研究领域之一。100多年来，它依次经历了生理学阶段、生物化学阶段、分子生物学阶段的发展。现在的微生物学已派生出大量的分支学科，在人类的生产和生活中扮演着越来越重要的角色。

第一章　关于微生物的趣闻

一、大肠杆菌

大肠杆菌（图 4-1）是革兰氏阴性短杆菌，大小 0.5×1～3 微米。周身鞭毛，能运动，无芽孢。兼性厌氧，是人和动物肠道中的正常栖居菌。它们在肠道中大量繁殖，能发酵多种糖类产酸、产气（这些气体以屁的形式排出），几乎占粪便干重的1/3。其代谢活动能抑制肠道内分解蛋白质的微生物生长，减少蛋白质分解产物对人体的危害，还能合成维生素 B 和维生素 K，以及有杀菌作用的大肠杆菌素。

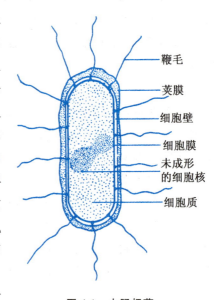

鞭毛
荚膜
细胞壁
细胞膜
未成形
的细胞核
细胞质

图 4-1　大肠杆菌

无害的大肠杆菌在以下三种情况下也会导致疾病：①细菌离开肠道进入泌尿道可以导致感染，引发膀胱炎等炎症。②当细菌通过溃疡等导致的穿孔进入腹腔后，通常会导致致命性的腹膜炎感染。不过，大肠杆菌对一些抗生素（如链霉素），非常敏感，一般情况下可用抗生素进行有效治疗。③大肠杆菌的某些株具有毒性，可以导致食物中毒，这通常是因为食用了被污染（通常是屠宰过程或储藏贩卖过程中的污染）的肉类所致。疾病的严重程度相差很多，通常是温和的，但有时对儿童、老人和免疫缺失病人而言又是致命的。

在环境卫生不良的情况下，大肠杆菌常随粪便散布在周围环境中。若在水和食品中检出此菌，可认为是被粪便污染的指标，从而可能有肠道病原菌的存在。因此，大肠菌群数（或大肠菌值）常作为饮水和食物（或药物）的卫生学标准。

大肠杆菌经常作为细菌的模式生物广泛用于科学研究。其具备遗传背景清楚、技术操作简单、培养条件简单、大规模发酵经济等优势，备受遗传工程专家的重视。目前大肠杆菌是应用最广泛、最成功的表达体系，常作为高效表达的首选。

二、猴头菇

猴头菇（图 4-2）是蘑菇的一个种类，生长在柞树干上。刚生出时呈乳白色，逐渐转微黄，采集干燥后变为黄褐色。因其外形酷似小猴子的头而得名，又叫猴头、猴头菌。

猴头菇是我国著名的食用、药用真菌，素称"蘑菇之王"，它与熊掌、燕窝、鱼翅并列为四大名菜，自古以来被誉为山珍。民间谚语有"多食猴头，返老还童"之说。

猴头菇菌肉鲜嫩，香醇可口，营养丰富，含有大量蛋白质、脂肪、碳水化合物和多种维生素。性味甘平，具有利五脏、助消化的功效，对胃溃疡、十二指肠溃疡、胃炎等

图 4-2

消化道疾病的疗效令人瞩目；含有的不饱和脂肪酸，有利于血液循环，能降低血胆固醇含量，是高血压、心血管疾病患者的理想食品；它能提高机体免疫功能，可以延缓人体衰老；现代医学研究发现，猴头菇还能抑制癌细胞中遗传物质的合成，从而可以预防消化道癌症和其他恶性肿瘤；猴头菇经过蒸煮于睡前食用，对有气管、食道及平滑肌组织疾病患者有保健作用，可安眠平喘，增强细胞活力和抵抗力。

在我国，猴头菇主要生产于黑龙江、吉林、辽宁、四川、贵州、山西、河北及湖北等省。1959年人工栽培研究成功。1979年我国猴头菌产量已居世界各国之首，产品远销美国、日本、新加坡、马来西亚等地。

三、奇妙的冬虫夏草

冬虫夏草其实是一种真菌和昆虫幼虫尸体的复合体。前人曾有诗云："冬虫夏草名符实，变化生成一气通。一物竟能兼动植，世间物理信难穷。"我们看到的地面以上部分像草，其实是一种真菌的子座，就像蘑菇一样。将这个子座挖出，地下部分却是一种昆虫幼虫的尸体。

每当盛夏，海拔3800米以上的雪山草甸上，冰雪消融，体小身花的蝙蝠蛾便将千千万万个虫卵留在花叶上。继而蛾卵变成小虫，钻进潮湿疏松的土壤里，吸收植物根茎的营养，逐渐将身体养得洁白肥胖。这时，真菌的子囊孢子遇到虫草蝙蝠蛾幼虫，便钻进虫体内部，吸收其营养，萌发菌丝。受真菌感染的幼虫，逐渐蠕动到距地表2～3厘米的地方，头上尾下而死。这就是"冬虫"。幼虫虽死，体内的真菌却日渐生长，直至充满整个虫体。来年春末夏初，虫子的头部长出一根紫红色的小草，高约2～5厘米，顶端有菠萝状的囊壳，这就是"夏草"。虫草这时发育得最饱满，体内有效成分最高，是采集的最好季节。

冬虫夏草主要生长在高海拔的森林草甸或草坪上。由于土质的缘故，生长在森林草甸的冬虫夏草颜色以暗黄棕色为主，生长在草原上的冬虫夏草则以黄棕色为主。前者主要产自四川、云南、甘肃；后者主要产自西藏、青海。夏至前后，当积雪尚未融化时入山采集，此时子座多露于雪面，过迟则积雪融化，杂草生长，不易找寻，且土中的虫体枯萎，不合药用。

冬虫夏草是一种传统的名贵滋补中药材，与天然人参、鹿茸并列为三大滋补品。它药性温和，一年四季均可食用，老、少、病、弱、虚者皆宜，比其他种类的滋补品有更广泛的药用价值。由于冬虫夏草价格昂贵，药效独特，人们已经开始人工培育这种独特的药材，并已取得成功，相信在不久的将来，它也会"飞入寻常百姓家"的。

第二章 微生物的致病性

一、感冒

我们每个人都有感冒的经历。如果问你感冒有什么症状？你马上会说出头痛、发热、打喷嚏、流鼻涕、浑身无力等许多症状。其实，感冒有不同的类型，致病原因多种多样，可能引起的后果也各不相同。如果我们对感冒有了比较详细的了解，就会在生活中更好地预防它，维护自己的身体健康。

根据致病原因不同，可以把感冒分为病毒性感冒和细菌性感冒。病毒性感冒分为普通感冒、流行性感冒和病毒性咽炎等。细菌性感冒包括细菌性咽扁桃体炎。这些感冒中除流行性感冒危害较大以外，其他类型的感冒都比较容易治疗，到医院请医生辨症施治都能很快痊愈。这里主要介绍一下对人类危害较大的流行性感冒。

一般所说的流行性感冒是指由流感病毒引起的急性呼吸道传染病。病毒存在于病人的呼吸道中，在病人咳嗽、打喷嚏时经飞沫传染给别人。流感的传染性很强，由于这种病毒容易变异，即使是患过流感的人，当下次再遇上流感流行，仍可能会再次感染，所以流感容易引起暴发性流行。一般在冬春季流行的机会较多，每次可能有20%～40%的人会传染上流感。

2009年春夏爆发流行至今的甲型H_1N_1流感，其致病病毒包含有禽流感、猪流感和人流感三种流感病毒的脱氧核糖核酸（DNA）基因片段（图4-3），同时拥有亚洲猪流感和非洲猪流感病毒特征。该病毒非常活跃，可由人传染给猪，猪传染给人，也可在人群间传播。人群间传播主要是以感染者的咳嗽和喷嚏为媒介。2009年3月日本和美国等先

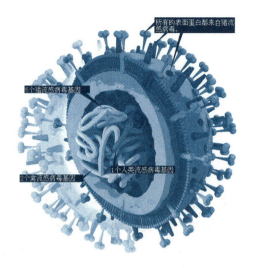

所有的表面蛋白都来自猪流感病毒

5个猪流感病毒基因

2个禽流感病毒基因

1个人类流感病毒基因

图 4-3

后发生人感染甲型 H_1N_1 流感病毒，人感染后的临床早期症状与流感类似，有发烧、咳嗽、疲劳、食欲不振等，还会出现腹泻和呕吐等症状。少数病例病情重，进展迅速，可出现病毒性肺炎，合并呼吸衰竭、多脏器功能损伤，严重者会造成死亡。

有关专家提醒公众，对此不必过于担忧，并提出了四点建议：第一，经常洗手，并清洗鼻子和嘴巴。如果生病了，留在家里，少与其他人接触。第二，居室勤通风换气，衣被多晾晒，吃熟食，尽量少去人流聚集的地方。第三，避免身体接触，包括握手、亲吻、共餐等。第四，出现流感征兆或病症者应及时就医。

不论是普通感冒、甲型 H_1N_1 流感还是高致病性禽流感，我们都没必要恐慌。纵观人类的进化历史，就是一部与各种病原体的斗争史。在人类演化过程中，遇到过无数次凶险的流行疾病，最后都是人类取得了胜利。目前的人类是世界上最高等的生物类群，与其他生物相比，其抗病能力是最强的，所以，我们对于这些传染病既要高度重视，采取必要的预防措施，又不必引起过度的恐慌。

二、艾滋病

1. 艾滋病和艾滋病病毒

艾滋病，即获得性免疫缺陷综合征（又称：后天性免疫缺陷症候群），英语缩写 AIDS 的音译（Acquired Immune Deficiency Syndrome），是感染了"人类免疫缺陷病毒"（Human Immunodeficiency Virus　HIV）（又称艾滋病病毒，图 4-4）所导致的传染病。

艾滋病病毒 HIV 是一种能攻击人体内脏系统的病毒。它把人体免疫系统中最重要的 T4 淋巴组织作为攻击目标，大量破坏 T4 淋巴组织，产生高致命性的内衰竭。HIV 本身并不会引发任何疾病，而是当免疫系统被 HIV 破坏后，人体由于丧失复制免疫细胞的机会，从而感染其他的疾病导致各种复合感染而死亡。艾滋病病毒在人体内的潜伏期平均为 12～20 年，在发展成艾滋病患者

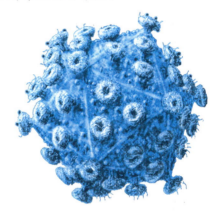

图 4-4

以前，感染者外表看上去正常，他们可以没有任何症状地生活和工作很多年。

艾滋病从发现至今才 26 年，但它在全球所引起的广泛流行，已使 5600 多万人受到感染，1900 多万人失去了生命。目前全球被感染者达 3600 万人，世界上每天有万余人新感染上艾滋病病毒。所以艾滋病被人们称为"世纪瘟疫""黄色妖魔"。

2. 艾滋病主要症状和体征

艾滋病的临床症状多种多样。一般初期的症状像伤风、流感，全身疲劳无力、食欲减退、发热、体重减轻。随着病情的加重，症状日渐增多，如皮肤、黏膜出现白色念球菌感染、单纯疱疹、带状疱疹、紫斑、血肿、血疱、滞血斑，皮肤容易损伤、伤后出血不止等。之后

渐渐侵犯内脏器官，不断出现原因不明的持续性发热，可长达3～4个月；还会出现咳嗽、气短、持续性腹泻便血、肝脾肿大、并发恶性肿瘤、呼吸困难等。由于症状复杂多变，每个患者并非上述所有症状全都出现。一般常见一两种以上的症状。按受损器官来说，侵犯肺部时常出现呼吸困难、胸痛、咳嗽等；侵犯胃肠可引起持续性腹泻、腹痛、消瘦无力等；侵犯血管而引起血栓性心内膜炎，血小板减少性脑出血等。

3. 艾滋病为什么不能从根本上治疗

艾滋病之所以猖狂于全球，就在于艾滋病病毒HIV侵入人体后直接侵犯人体免疫系统，攻击和杀伤的是人体免疫系统中最重要、最具有进攻性的T4淋巴细胞，使机体一开始就处于丧失防御能力的地位。艾滋病病毒一旦进入人体，就寄生于T4淋巴细胞内最核心的部位，并与细胞核的遗传物质DNA整合为一体，人体没有能力使其分开，更没有力量杀灭它，艾滋病就成为一种"病入基因"的痼疾。

如果用药物治疗，除非杀死T4淋巴细胞，否则是杀灭不了艾滋病病毒的。艾滋病病毒随免疫细胞DNA复制而复制。病毒的繁殖和复制使免疫细胞遭到破坏和毁灭，并放出更多的病毒。新增殖病毒再感染更多的细胞。就这样，病毒一代代地复制、繁殖，免疫细胞不断死亡。

由于艾滋病病毒的遗传物质是单链RNA，结构不稳定，所以它具有极强的迅速变异能力，而人体产生的相应抗体总落后于病毒的变异，因而无法阻止艾滋病病毒的繁殖和扩散，更何况人体免疫系统产生的抗艾滋病病毒抗体是毫无作战能力的非保护性抗体。艾滋病病毒的迅速变异能力也给目前特效药和疫苗研制工作造成了极大困难。

4. 艾滋病的预防

艾滋病虽然是一种致死率极高的严重传染病，目前还没有治愈的药物和方法，但可以预防。

由于艾滋病主要通过性接触、血液和母婴三种途径传播。所以做到人人洁身自爱、遵守性道德是预防经性途径传染艾滋病的根本措施。严格检测血液制品、控制好传染源是也十分重要的。要避免不必要的输血和注射，使用经艾滋病病毒抗体检测的血液和血液制品。

艾滋病病毒对外界环境的抵抗力弱，离开人体后，常温下在血液或分泌物内只能生存数小时至数天，在自然条件下则不能存活。高温、干燥以及常用消毒药品都可以杀灭这种病毒。与艾滋病病人及艾滋病病毒感染者的日常生活和工作接触不会感染艾滋病。所以我们也没有必要对艾滋病畏之如虎，谈"艾"色变。

第三章　微生物的利用

一、疫苗

疫苗是将病原微生物（如细菌、立克次氏体、病毒等）及其代谢产物，经过人工减毒、灭活或利用基因工程等方法制成的用于预防传染病的自动免疫制剂。疫苗保留了病原微生物刺激动物体免疫系统的特性。当动物体接触到这种不具伤害力的病原微生物后，免疫系统便会产生一定的保护物质，如免疫激素、活性生理物质、特殊抗体等；当再次接触到这种病原时，动物体的免疫系统便会依循其原有的记忆，制造更多的保护物质来阻止病原微生物的伤害。

疫苗的发现可谓是人类发展史上一件具有里程碑意义的事件。因为从某种意义上来说人类繁衍生息的历史就是人类不断同疾病和自然灾害斗争的历史，控制传染性疾病最主要的手段就是预防，而接种疫苗被认为是最行之有效的措施。

18世纪，欧洲天花盛行，成千上万的人因患天花而死亡。英国医生爱德华·詹纳(Edward Jenner)(1749—1823)注意到挤牛奶的女工因感染牛痘而获得了对天花的免疫力，就从一位患牛痘的挤奶女工手上取出疱疹浆液（含牛痘病毒），替一名8岁男孩詹姆士·菲利浦接种。男孩染上牛痘后，6星期内康复。之后詹纳再替男孩接种天花，结果发现男孩完全没有受感染，证明了牛痘能令人对天花产生免疫。詹纳以研究及推广牛痘疫苗，防止天花而闻名，被称为免疫学之父。由于牛痘疫苗可以有效地、终身地防止天花的传染，因此自1977年以来世界上没有再发生过天花。世界卫生组织于1980年正式宣布天花已在全世界消灭。人类迎来了用疫苗迎战病毒的第一个胜利，也更加坚信了疫苗对控制和消灭传染性疾病的作用。目前用于人类疾病防治的疫苗有20多种，注射疫苗已经成为人们抵御各种传染病的重要手段。

作为一项惠民措施，我国政府计划免疫程序规定，每个宝宝在一岁内可以免费接种5种疫苗：卡介苗、乙肝疫苗、小儿麻痹糖丸、百白破混合制剂及麻疹疫苗。此外，公民可自费并且自愿接种某些疫苗，如流感、水痘、肺炎疫苗等。

二、酿酒

远古时代，当劳动生产力发展到一定程度，人们采集的植物种子和果实已经有了一定剩余，古代先民从发酵变质的食物中发现了酒。再后来，随着生产力的发展，人们开始有意识地酿酒。随着先民们对这种自然状态下形成的特殊饮料的神奇作用的认识不断深化和发展，人们开始有意识地利用它，并试图用当时所能采用的原始技能制作酒。酒一经发现就被引入了人类文化活动的殿堂。几千年绵延不绝、异彩纷呈的各民族的酒文化由此发端。

酿酒是利用微生物发酵生产含一定浓度酒精的饮料的过程。其中起关键作用的微生物是酵母菌，但整个过程却是很多种微生物共同参与的过程。下面以白酒的酿制为例进行说明。

白酒多以含淀粉物质为原料，如高粱、玉米、大麦、小麦、大米、豌豆等。蒸煮粮食，是国人酿酒的第一道程序，粮食经过蒸煮后，更有利于发酵。在传统工艺中，半熟的粮食出锅后，要铺撒在地面上，这是酿酒的第二道程序，也就是搅拌、配料、堆积和前期发酵的过程。酒窖里进行的是酿酒的第三道程序，对原料进行后期发酵，发酵过程大体分为两步：首先是用米曲霉、黑曲霉、黄曲霉等将淀粉分解成糖类，称为糖化过程；其次是由酵母菌再将葡萄糖发酵产生酒精。经过窖池发酵老熟的酒母，酒精浓度还很低，需要经进一步的蒸馏和冷凝，才能得到较高酒精浓度的白酒，传统工艺采用俗称天锅的蒸馏器来完成，这是酿酒的第四道程序。第五道程序是窖酒，比如我们常听到的三年陈、五年陈、十年陈等。最后一道程序是勾兑，即添加香料、调整度数等。

我国是白酒的发祥地，白酒是中华民族的特产饮料，又是世界上独一无二的蒸馏酒，通称烈性酒。白酒是用酒曲酿制而成的，因此我国又是制曲酿酒的发祥地，有着世界上独创的酿酒技术。据商代的甲骨文记载，公元前12世纪，商王武丁和他的大臣有"若作酒醴，尔维曲蘖"的对话，对话中的"曲蘖"就是指酒曲和发芽的谷物，说明3200多年前，我们的祖先就掌握了利用酒曲酿酒的技术了。

那么什么是酒曲呢？原始的酒曲是发霉或发芽的谷物，人们加以改良，就制成了适于酿酒的酒曲。酒曲里的微生物种类很多，如细菌、酵母菌、霉菌，这些不同的微生物分布在酒曲的不同部位。由于所采用的原料及制作方法不同，生产地区的自然条件有异，酒曲的品种丰富多彩。大约在宋代，我国酒曲的种类和制造技术基本上定型。现在大致将酒曲分为五大类，分别用于不同的酒。它们是：

麦曲，主要用于黄酒的酿造；

小曲，主要用于黄酒和小曲白酒的酿造；

红曲，主要用于红曲酒的酿造（红曲酒是黄酒的一个品种）；

大曲，用于蒸馏酒的酿造；

麸曲，这是现代才发展起来的，用纯种霉菌接种以麸皮为原料的培养物。可用于代替部分大曲或小曲。目前麸曲法是我国白酒生产的主要操作法之一。其白酒产量占总产量的70％以上。

三、制醋

记得过去的小学课文里有一个关于标点符号的故事。一个酒坊财主在过年时写了一副对联：酿酒缸缸好，造醋坛坛酸；养猪大如山，老鼠只只亡。由于当时还没有标点符号，所以这些字是连续写的。因为这个财主平时特别抠门，一个长工就给这副对联加了几个标点，将其改为：酿酒缸缸好造醋，坛坛酸；养猪大如山老鼠，只只亡。这个小故事从侧面反映出造醋与酿酒从工艺上是有联系的。

我国是世界上谷物酿醋最早的国家，早在公元前8世纪就已有了醋的文字记载。春秋战国时期，已有专门酿醋的作坊，到汉代时，醋开始普遍生产。南北朝时，食醋的产量和销量都已很大，其时的名著《齐民要术》曾系统地总结了我国劳动人民从上古到北魏时期的制醋经验和成就，书中共收载了22种制醋方法，这也是我国现存史料中对粮食酿造醋的最早记载。食醋在古代又被称为醯、酢、苦酒等，因其在烹调中位居"五味之首"，酷爱食醋的古人给它起了一个拟人的称号——"食总管"。

现在市场上的醋也是五花八门，除了米醋、香醋、陈醋，还有什么饺子醋、泡蛋醋、果醋。按生产来源分，可以把我们现在食用的醋分为酿造和配制两种。除了白醋中有部分是配制醋外，大部分是酿造醋。酿造醋主要由粮食、水和盐等酿造而成，只是不同的醋，由不同的粮食酿造。例如，香醋的主要原料是糯米，米醋则是大米，陈醋是由高粱酿造的，麸醋是以麸皮为主料，这样，醋中就含有了粮食等原料成分。醋的主要酿造工序为：糯米（或高粱或麸皮）→浸泡→蒸煮→酒曲→酒发酵→麸皮、稻壳→醋发酵→加盐→陈酿→淋醋→煎醋→成品。例如山西老陈醋是我国北方最著名的食醋。它是以优质高粱为主要原料，主要经蒸煮、糖化、酒化等工艺过程，然后再以高温快速醋化，温火焙烤醋醅和伏晒抽水陈酿而成。这种山西老陈醋的色泽黑紫，液体清亮，酸香浓郁，食之绵柔，醇厚不涩，而且不发霉，不腐烂，越放越香。

醋具有许多营养成分，比如氨基酸，维生素 B_1、B_2，有机酸，蛋白质，糖类等。醋在烹调加热的过程中，能把食物中的钙、磷、铁等成分溶解出来，十分利于人体吸收和利用，所以，我们在平时的生活中，多吃一点醋是很有好处的。

第五篇　迷人的生态学

　　生态学是研究生物及其周围环境相互关系的学科。通常包括四方面的内容：个体生态、种群生态、群落生态和生态系统生态。

　　随着人类活动范围的扩大与多样化，人类与环境的关系问题越来越突出。因此近代生态学研究的范围，除生物个体、种群和生物群落外，已扩大到包括人类社会在内的多种类型生态系统的复合系统。人类面临的人口、资源、环境等几大问题都是生态学的研究内容。

　　生态学的基本原理包括：实施可持续发展，注重人与自然和谐发展，树立生态伦理道德观等。从生态学中分化出来的产业生态学、恢复生态学以及生态工程、城市生态建设等，都是生态学基本原理推广的成果。

第一章　草原上的明珠——达里诺尔

1. 达里诺尔的概况

内蒙古赤峰市克什克腾旗的达里诺尔湖是内蒙古四大湖之一。它位于贡格尔草原西南部，距离赤峰市克旗政府所在地经棚镇90千米。湖水总面积240平方千米。达里诺尔汉语意思是"像大海一样宽阔美丽的湖"，古称"鱼儿泺""捕鱼儿海""答尔海子"等。是一个典型的高原内陆湖泊。亮子河、贡格尔河、沙里河是达里诺尔湖的水源。

达里诺尔湖被称为"百鸟乐园"（图5-1），也享有我国第三大天鹅湖的美誉。经过专家多次考证，这里的鸟类有15目32科109种，国家一级保护鸟类6种，二级保护鸟类18种。除了国家一级重点保护动物白天鹅以外，国家重点

图 5-1

保护的丹顶鹤、白枕鹤等鸟类于此也有发现。有人在1985年春季的一天，目记白天鹅2300余只。这些白天鹅起如翩翩仙子，落如草地铺素，嬉戏游弋，自由自在。浩渺的湖面，美丽的天鹅，如茵的绿草，构成了一幅美丽的画卷，人置身其中，确如身在草原天堂，可以感受到自然的和谐与静美。

2. 达里诺尔独特的生态价值

达里诺尔湖地势高，光照条件好，水面广阔，湖周人烟稀少，不仅是当地鸟类栖息繁衍的良好场所，也是众多的候鸟自遥远的西伯利

亚迁徙到我国东南沿海时的临时落脚点。广袤的蒙古高原对迁飞的候鸟是一个巨大的考验，这里有大片大片的草地，有连绵起伏的山脉，却很少有河流，像达里诺尔湖这样的大湖就更少了，所以达里诺尔湖对候鸟来说太重要了，这里是它们的重要繁殖地和休整驿站。如果有一天达里诺尔湖消失了，候鸟的迁徙将面临巨大的挑战，它们在迁徙时将不得不忍受更长时间的饥饿，休憩地越来越少会导致一些本来就非常稀少的鸟类灭绝。因此，1997 年，达里诺尔自然保护区被升级为国家级自然保护区。

3. 达里诺尔的绝唱——华子鱼

达里诺尔湖还是世界上唯一产鱼的盐碱湖，这里盛产的华子鱼因其肉味鲜香而闻名遐迩。达里诺尔湖属于构造堰塞湖，是在构造下陷形成构造湖的基础上，又受到玄武岩流堰塞而形成的湖泊。历史上的达里诺尔是由大兴安岭地区的冰山融化后，冰水汇集成的。最初湖水很深，在保护区南部的达尔罕山（砧子山）上还保存有两级湖蚀崖，一级比现湖水面高出 30 米，另一级高出 60 米。这些湖蚀崖证明了古代的达里诺尔湖是多么宽广无垠。之后由于气候逐渐干旱，湖水的蒸发大于来源，达里诺尔湖的湖面越来越小，湖水逐渐碱化。

世界上的碱水湖很多，但产鱼的只有达里诺尔湖，是因为这里有独特的地理环境。一方面是这里的华子鱼通过长期的进化逐渐适应了碱化的水环境，能够在这里生存下去。另一方面是这里的华子鱼有逆行到入湖河流的上游产卵的习性。每年从清明到端午节前后，正是各类鱼产卵期，在漫长的春季里，鱼群始终沿着牧草返青的河道溯流蜂拥而上，有时竟造成水流不畅（图 5-2）。当地人说，手脚轻盈的人可以踩鱼背过河而不致落入水中。《王国维遗书》上记载"每三、四月间，自达里诺尔湖溯河而上之鱼，堵塞河渠，殆无空隙，人马皆不能过，渔儿烁之名盖本于此"。在上游产的鱼卵孵化后，小鱼慢慢随水流游到下游，进入湖中，逐渐适应了湖中的高碱环境。

在饵料稀少的达里诺尔湖，华子鱼从鱼苗长到成熟需要两三年的时间。为了繁衍后代，在湖中积蓄了两三年的体力后，它们逆流而上，

图 5-2

到贡格尔河上游产卵繁殖，在这个过程中，很多鱼体力不支中途死亡了，也有很多鱼中途被人捕捞或被天敌吃掉了，只有极少数体力好又很幸运的鱼儿游到上游，但这时它们也筋疲力尽了，在产卵后，很多鱼再也没有力气回到湖中了，就死在那里，直到腐烂。这个过程很像美洲的大马哈鱼。

　　华子鱼如今的境遇却不如大马哈鱼了，特别是最近几十年，由于过度放牧，草原逐渐沙化，草原气候也越来越干旱，达里诺尔湖的入湖河流已经只有贡格尔河了，河水流量也大不如前，这就导致达里诺尔湖退化得越来越快，湖水碱化也越来越严重。现在的达里诺尔湖已经只相当于20 世纪 80 年代的五分之一了，湖水也泛起白色的碱沫（图 5-3），不知华子鱼还能在这越来越浓的碱水里生存多久。照这样的速度，也许用不了10 年，达里诺尔湖就会消失，世界唯一产鱼的碱水湖将成为遗迹，这将是多么大的损失啊！

图 5-3

第二章　日益严重的外来物种入侵

现在经常有报道说某某外来物种严重破坏了当地的自然环境，治理起来又非常困难。这些外来物种引起的环境问题日益受到人们的关注。那么，我国目前常见的外来物种有哪些？它们造成的危害有多大？我们现在简单地了解一下。

一、水葫芦

水葫芦最初是 20 世纪 50 年代作为价廉物美的饲料引入我国的，谁也没料到 50 年后水葫芦居然变成人人喊打的"绿魔"(图 5-4)。

水葫芦学名凤眼蓝，别称水浮莲、假水仙等。原产于南美委内瑞拉，后传播到世界上 60 多个国家。在原产地由于有 200 多种天敌昆虫的制约，仅以一种观赏性种群零散分布于水体，并不造成生态灾难。水葫芦外表并不丑：它浑身碧透，绿得醉人，簇簇紫花绽放如热带兰，花瓣上偶尔可见黄、蓝斑点，作为盆景置于庭

图 5-4

院，不比荷花逊色(图 5-5)。它生命力旺盛，在 15～40℃气温下，只要置于水中便会疯狂繁殖开来。每枝分出多枝匍匐茎，茎端再长新株，1 株水葫芦 10 天后变成 9 株，90 天内可分出 25 万棵新株。水葫芦的一株花穗可产生 300 多粒种子，种子沉积水下污泥中可存活 5～20 年。

水葫芦的生存适应能力很强，在很多生态环境中都可生长，水库、湖泊、池塘、渠道、流速缓慢的河道等是其最为适宜的生态环境，亦可在稻田中存在而成为害草。

据统计，目前水葫芦在我国18个省市肆虐。每年全国因为外来物种入侵导致的经济损失为570亿元，其中水葫芦造成的经济损失约在1亿元以上。上海是水葫芦危害较重的地区，每年秋冬季节，水葫芦从上游河道进入黄浦江、苏州河，造

图5-5

成河道淤塞，危及通航，带来河道水域生态链失衡。

原来人们把水葫芦作为猪饲料，但它的养分太低，猪吃了饿不死，也不爱长肉，所以现在也没有人再用它作饲料喂猪了。前几年人们将打捞上来的水葫芦作为垃圾扔掉，每年的打捞、运输、填埋需要大量费用。现在人们将打捞上来的水葫芦制成有机肥，还研究出了抑制水葫芦无性繁殖的"避孕药"。这比把它作为垃圾处理就好多了，正像人们说的：垃圾是放错地方的资源。相信随着对水葫芦的开发利用，它很可能在不久的将来变成一种重要的工业原料，带动一系列产业链条的发展。

二、加拿大一枝黄花

加拿大一枝黄花在分类上属于菊科，一枝黄花属。该属全世界有约125种，主要分布于北美洲。因为花的娇艳美丽，不易凋萎，被作为观赏植物引进中国，最初作为庭园花卉栽培。后来逸生成杂草，并且是恶性杂草(图5-6)，对生态系统具有极强的破坏力。加拿大一枝黄

花主要生长在河滩、荒地、公路两旁、农田边、农村住宅四周，植株高1.5～3米。它是多年生植物，根状茎发达，繁殖力极强，平均每株有1500个头状花序，每株植物平均可形成10万多粒种子，能通过风、鸟等多种途径传播，此外还能通过根茎繁殖。传播速度快，生长优势明显，生态适应性广阔，与周围植物争阳光、争肥料，直至其他植物死亡，从而对生物多样性构成严重威胁。在野外，第一年如果只有几株，第二年就会连成片，第三年其他植物就难觅踪迹了，可谓是黄花

图 5-6

过处寸草不生，故被称为"生态杀手""霸王花"。目前加拿大一枝黄花已对我国部分地区的生态环境造成严重危害，并对农业生产构成了威胁。据报道上海已有局部绿化地遭受其害出现成片死苗现象。一枝黄花还能危害棉花、玉米、大豆等旱地作物。因此该草一旦入侵农田及绿化地带将贻害无穷。

对加拿大一枝黄花目前还没有找到合适的治理办法，现在采用的防治方法主要有：

（1）焚烧。将其花穗剪去，将地上部分和块状茎拔出，之后将这些尽快集中焚烧干净，防止种子、根状茎和拔出部分的传播扩散。

（2）药剂防治。在加拿大一枝黄花的出苗季节和开花前后，利用药剂对植株进行防治，防治的方式主要有：用"草甘膦"和"一把火"在开花以前混合喷洒；利用草甘膦和洗衣粉5∶1的比例混合在其幼苗期进行防治；也可使用其他灭生性除草剂进行防治。

（3）加强绿地农田管理。

第三章　蝗灾的原因和防治

蝗虫属于节肢动物门，昆虫纲，直翅目，蝗科，身体一般绿色或黄褐色，咀嚼式口器，后足大，适于跳跃，不完全变态，其幼虫称为"蝻"，主要以禾本科植物为食，种类很多，世界上共约有1万余种，在我国就有300余种，如飞蝗、稻蝗、竹蝗、意大利蝗、蔗蝗、棉蝗等，是农林业的主要害虫。

蝗灾是我国历史上三大自然灾害之一，徐光启在《农政全书》中说："凶讥之因有三：曰水、曰旱、曰蝗。"据记载，从公元前707年～公元1935年的2700多年间，蝗虫在我国成灾约800次，平均每3年1次。蝗虫成灾时，受灾面积跨省，迫使数百万灾民背井离乡，四处逃荒，危害十分严重（图5-7）。

图 5-7

新中国成立后，党和政府十分重视对蝗虫的防治，短短几年就基本控制了蝗虫的危害。但近几年，由于环境恶化等原因，局部地区蝗灾又有所发生，如：1999年，河北、山东、新疆、海南等地发生蝗灾。四川省海兴县的荒滩上满地都是蝗虫，密密麻麻铺天盖地，高密度地区每平方米至少有3000只以上。在海兴县杨埕水库，每平方米的蝗虫竟有1万只。所有的生命在蝗虫飞过之后都黯然失色。

　　近几年，旱、涝天气不断，而这种气候条件最适合蝗虫的生长。蝗虫的繁殖能力又很强，多的时候可在每平方米土中产 4000～5000 个卵块，每个卵块中有 50～80 粒卵，即每平方米有 20 万～40 万粒卵。第二年春天如逢干旱气候，卵的成活率极高。蝗虫有群居的习性，而且食性很杂，能吃多种植物，再加上它们有很强的迁飞能力，在一个地方的植物被吃光后能马上飞到另一个地方，飞到哪里，就把哪里的植物吃光，造成严重的灾害。史书中记载"飞蝗蔽日，赤地千里，禾草皆光"。

　　蝗灾爆发除了它自身的特殊、气候的异常外，还有一个原因是环境因素。近几年，森林锐减，土地荒漠化，水土流失，黄河断流，加上大面积喷洒化学农药，使蝗虫的耐药性加强。这些都是形成蝗灾的重要原因。

　　从以前的人海战术，到今天地面、空中联合防治，人类灭蝗的技术水平在提高。蝗虫肆虐的景象再也不会出现了。然而，在取得了"年年控制蝗虫不起飞"成果的同时，化学防治也给我们自身的生存环境带来污染。每年，黄淮海地区为防治蝗虫，都要喷洒上千吨高效化学农药。化学农药在杀死蝗虫同时，也会杀死其他昆虫，包括蝗虫的天敌及一些益虫。这对施药区域来说无异于一场生态破坏。由于蝗虫的孵化期很长且时间不太一致，当针对一些将成害的蝗虫喷洒农药时，另外一些蝗虫还在卵中无法杀灭。蝗虫天敌的大量减少，必然使蝗虫丧失自然控制因素，种群数量很快恢复。此外，蝗区多是人烟罕至的荒滩荒地，当我们有条件开垦这些土地的时候，残余的农药成分还可能影响有机农业的发展。

　　今天，我们已经认识到，改善生态才是远离蝗灾的治本之策。近几年来，我国蝗灾发生地区的政府在做好应急防治的同时，加大了蝗区生态控制和生物防治的力度。从自然规律来说，蝗虫也是大自然生物链中的重要一环，改善蝗区生态环境，走生态控制的路子，才是符合自然规律的最终选择。

第四章 我们不在了的未来

地球诞生已经有 46 亿年了，最原始的生命是在地球诞生 10 亿年以后出现的。数十亿年生命的演化，不断改变着地球的环境，使地球从毫无生命迹象的荒芜之地，逐渐演变成生命的乐园。然而人类活动在很大程度上改变了地球。特别是最近 100 年来，随着人类工业文明的进步，地球环境发生了急剧变化。酸雨、洪涝灾害、旱灾等越来越频繁地发生。温室效应越来越显著。工业发展造成的重金属污染导致越来越多的村庄成为癌症村。所以有人预言，如果不认真对环境加以保护，人类迟早会毁灭在自己手里。如果由于人类的破坏，使我们自己的生存环境越来越差，地球上就会有越来越多的瘟疫流行。如果我们人类在这些灾难中灭绝了，地球将会是什么样子呢？谁将成为地球的新统治者呢？让我们坐着"时空穿梭机"去看看吧！

1. 无人管理的第一年

如果现在发生了比较大的瘟疫，导致人类全部灭绝，全世界众多的核电站的备用燃料将逐渐耗尽，核反应堆外水无法循环冷却，这将导致核反应堆内温度过高而熔化甚至爆炸，空气、河流、海洋将充满放射性物质。这些放射性物质会使很多生物长时间受到灭顶之灾。同时也会诱发生物发生变异，这些变异绝大多数是不利于生物生存的，但有极少数的变异类型将更适应环境，甚至出现原来没有的品种。比如巨型老鼠、更为凶猛的肉食动物等，由于最强大的智慧生物人类不在了，它们有可能在生存竞争中成为新的统治者。人类灭亡之后，由于没有了抽水、排水系统，地铁、地道等地下的建筑物将被一场场洪水淹没，楼房、街道也会变得斑斑驳驳。

2. 一片狼藉的一百年

除了一些坚固的楼房、防御工事等，人类的建筑物几乎全部倒塌，许多城市被洪水一次次冲洗后变成了一片平原。在城市的废墟上长满了杂草，原来的草丛长出了许多小灌木。

3. 蔚然成林的一千年

平原中的土壤里20～21世纪人类排放的重金属、铅，以及人类到处乱扔的废旧电池、电路板等物质终于消失了，平原上，出现了大片大片的森林，动物渐渐地多了起来。

4. 山明水秀的一万年

人类随意丢弃的塑料袋终于被大自然降解了，森林覆盖了地球的大部分地表，人类排放的二氧化碳、二氧化硫等工业废气全部得到了控制，温室效应从根本上得到了治理。在人类不在的日子里，森林再也不会遭到毁灭性的砍伐，动物们再也受不到人类的伤害，一派自然宁静的状态。

5. 物竞天择的百万年

尽管人类没有了，可物竞天择、适者生存的自然法则是永远存在的。在没有人类的日子里，狼、狮子、老虎等肉食动物的数量迅速恢复，但它们绝不会成为最终的统治者。那些比人类智商略低一些的动物，如黑猩猩、狒狒还有基因与人类很相近的老鼠，又开始了争当统治者的残酷竞争。很多学者认为，最终数量超过现代人类四倍的老鼠的一个分支可能会演变成智慧生物，即那时的"人"。它们，不，应该叫他们了。他们"鼠模鼠样"堂而皇之地走在自己修建的大街上，"老鼠过街，人人喊打"的局面一去不复返了，其他动物见了他们都会唯恐避之不及。他们又开始了诸如"四大发明"一类的创新，最终也可以实现"现代化"，于是森林又开始大面积消失，动物又开始失去家园，酸雨又出现了……再后来，他们也毁灭了自己，于是，新一轮进化又开始了。

第六篇　我们不能忘记的人物
——近代著名生物学家简介

一、达尔文小传

查尔斯·罗伯特·达尔文（Charles Robert Darwin，1809.2.12—1882.4.19）英国博物学家，生物学家，进化论的奠基人（图 6-1）。他的祖父和父亲都是有名的医生。他从小就活泼好动，喜欢采集昆虫，特别热衷于打猎和骑马旅行。16 岁时，为了让他将来继承祖业，父亲送他到爱丁堡大学学医。但他对医学并不感兴趣，常到海边向人学习如何采集生物标本，对动物进行解剖、分类和观察记录。19 岁那年，达尔文

图 6-1

又进入剑桥大学学习神学。在这期间，他结识了一些朋友。从他们那里，他学会了如何发掘并鉴定地质矿物标本等，为他将来从事自然科学的研究打下了基础。

22 岁那年，经朋友推荐，达尔文以博物学者的身份登上了"贝格尔"号远航考察船，随船进行了为期 5 年的科学考察。那时候，达尔文还相信生物是由上帝创造的。每到一个地方，达尔文都要仔细考察当地动物、植物资源。许多实例引起他的思考，并使他对"上帝造物论"产生了怀疑。在南美洲，达尔文发现了古犰狳的化石。它们与现代生活的犰狳十分相似，但又有不同。这是否说明现代的动物是由古代的动物发展而来的呢？在加拉帕戈斯群岛上，达尔文发现，这里不同岛

上的地雀各有其特点。这种现象使达尔文想到物种可能在不断地变化着。各地的所见所闻，都说明随着时间的推移，生物是在逐渐进化的。但是，当时达尔文还不能说明引起生物进化的原因。

考察归来，达尔文就开始研究这个问题，并耐心地搜集资料和证据。他访问过农夫、种子供应店店主和家畜、家禽饲养人。他还亲自饲养鸽子，观察家鸽在人工饲养下所产生的变异。经过大量的观察和研究，达尔文终于成功地用自然选择学说解释了生物进化的原因，并于 1859 年出版了《物种起源》这部巨著，引起极大的反响。达尔文的进化论被恩格斯赞誉为 19 世纪自然科学的三大发现之一。

二、遗传学的先驱——孟德尔

格里格·孟德尔（Gregor Mendel，1822—1884）（图 6-2），1822 年 7 月 22 日出生于奥地利西里西亚附近的农民家庭。他从小爱好园艺，由于家境困难，没有读完大学，到布龙一所修道院当教士。1847 年获得牧师职位。

在朋友的资助下，他于 1850 年到维也纳大学理学院深造，受教于当时著名的物理学家多

图 6-2

普勒、数学家艾丁豪孙和植物学家翁格尔等人。当时大多数科学家所惯用的方法是培根式的归纳法，而多普勒则主张，先对自然现象进行分析，从分析中提出设想，然后通过实验来进行证实或否决。艾丁豪孙是一位成功地应用数学分析来研究物理现象的科学家，孟德尔曾对他的大作《组合分析》仔细拜读。孟德尔后来做豌豆实验，能坚持正确的指导思想，成功地将数学统计方法用于杂种后代的分析，与这两位杰出物理学家不无关系。

1853 年夏天，他回到布龙修道院，一方面在国立高级中学教授物理学和博物学；另一方面在修道院的植物园中进行了许多杂交实验。经过对许多种植物的反复比较，孟德尔发现，豌豆正是他想寻找的理想实验材料。豌豆是自花授粉植物，而且闭花授粉，没有天然杂交的

可能，这就避免了很多不必要的麻烦。他从商人那里买回 34 种豌豆品种，经过几代自花授粉，筛选出 22 个性状稳定的纯系，并注意到豌豆的 7 对明显的相对性状。孟德尔先研究一对相对性状的遗传，再研究两对或两对以上相对性状。这种从简单到复杂的研究方法也是孟德尔成功的关键。再就是孟德尔用数学统计方法对实验结果进行分析，而没有受复杂多变的外界环境变化的影响，这也是他成功的主要原因之一。

孟德尔的工作在当时并未引起学界的重视。1865 年 2 月，他在布尔诺召开的奥地利自然科学学会会议上报告自己的研究工作，据说到会的约 50 人，其中有博物学、天文学、物理学、化学等方面的工作者。孟德尔花了一个小时介绍他的豌豆杂交实验，与会者除了对数学统计进入遗传学感到惊讶外，对其他内容则毫无兴趣。他们耐心地听完报告，有礼貌地鼓掌后，都默默地拂袖而去。孟德尔对此也有感触，他在给朋友的信中说："我料想会遇到分歧意见的，然而就我所知，迄今还没有一个人重复过我的这些实验。"

1900 年，欧洲三个不同国家的科学家：荷兰植物学家德弗里斯、德国植物学家科伦斯、奥地利植物学家切尔马克，在总结了他们各自的实验后，几乎是同时发现了植物遗传的规律。而当他们准备发表论文，去查阅文献时，都发现了孟德尔的文章，认为自己的工作是证实了孟德尔的定律。这就是生物学史上有名的"孟德尔定律的再发现"。

三、遗传学的奠基人——摩尔根

摩尔根（图 6-3）是美国生物学家，遗传学的奠基人。是他首先通过研究确定：遗传基因位于染色体上，创立了基因学说。这是人类遗传学史上的一大进步。他还发现了第三大遗传定律——基因的连锁互换定律，并获得 1933 年诺贝尔生理学或医学奖。我国著名科学家谈家桢，就是摩尔根的学生。

图 6-3

摩尔根选用果蝇作为遗传学研究的实验材料。果蝇是一种生活在苹果等水果上的小型蝇类，它们个体小，繁殖快，有很多突变类型，具有一些稳定的、容易区分的相对性状，是进行遗传学研究的好材料。

1910年5月，摩尔根的实验室中诞生了一只白眼雄果蝇。摩尔根发现这个变异类型后，如获至宝，经过一系列遗传实验，他得出结论："眼睛的颜色基因(R)与性别决定的基因是连结在一起的，即在X染色体上。"或者像我们现在所说那样是连锁的。之后，摩尔根发现，代表生物遗传秘密的基因的确存在于生殖细胞的染色体上。而且，他还发现，基因在每条染色体内是直线排列的。染色体可以自由组合，而排在一条染色体上的基因是不能自由组合的。摩尔根把这种特点称为基因的"连锁"。摩尔根在长期的实验中发现，由于同源染色体的断离与结合，而产生了基因的互相交换。他于20世纪20年代创立了著名的基因学说，揭示了基因是组成染色体的遗传单位，它能控制遗传性状的发育，也是突变、重组、交换的基本单位。

到1925年，摩尔根及其同事、学生已经在果蝇这个小生物身上发现了四对染色体，并鉴定了约100个不同的基因。并且由交配实验而确定了连锁的程度，可以用来测量染色体上基因间的距离。但基因到底是由什么物质组成的？这在当时还是个谜。直到1953年，沃森和克里克提出了DNA的双螺旋结构模型，遗传学的发展才深入到分子水平。

四、现代生物分类学的奠基人——林奈

林奈(1707—1778)，瑞典博物学家。现代生物分类学的奠基人(图6-4)，创立了双名命名法。他自小喜爱花草。小学、中学阶段，不用功读书却偏好在野外采集植物，为此其父几乎要他辍学去当缝匠或鞋匠。1727年起，他先后在隆德大学和乌普萨拉大学学医，1730年任乌普萨拉大学讲师，1735年在荷兰获哈尔德韦克大学医学博士学位。1735～1738年游学丹麦、德、荷、英、法诸国，是他一生中最重要的时期。林奈1738年回国，先当开业医师，1741年起一直在乌普萨拉

大学任教授。

在荷兰时他将所著的《自然系统》一书的手稿出版，该书第 1 版（1735）仅 14 页，基本上是一个动、植、矿物的名录，其著名的"植物 24 纲系"即首次发表在这里。他所提出的分类系统虽属人为分类系统，与自然分类系统相距甚远，但因便于检索，故深受当时学界欢迎，他也由此声誉大振。他的重要著作《植物种志》，始作于 1746 年，历 6 年始告完成，于 1753 年出版，该

图 6-4

书奠定了近代植物分类学的基础。林奈在动物分类上也有巨大贡献。不同于植物分类的是，他用了各种特征，包括动物内部解剖结构的观察。《自然系统》在多次再版过程中，不断地大量增补和修订，在 1758 年刊行的第 10 版，已扩展为 1384 页的巨著，在这一版中，他首次对动物分类采用"双名法"，成为近代动物分类学的起点。他在界下设纲、目、属、种 4 个阶元（尚无"门"及"科"级阶元）；将动物界分为哺乳、鸟、两栖、鱼、昆虫及蠕虫等 6 纲。在 1768 年出版的《自然系统》的第 12 版中，删去了有关"种不会变"的论述。

在林奈提出双名命名法之前，生物学家往往根据植物的表面特征来描述植物，有的采用单名法（只用一个属名）；有的采用双名法（一个属名加一个形容种的性质的词）；有的采用多名法（一个属名再加上几个形容词）。而且"一名多种""一种多名"的现象十分严重。科学研究工作的发展，迫切需要一个各国生物学家所承认和接受的共同科学语言。不少科学家曾尝试过进行命名法的改革，但他们所建立的命名法，均因较为复杂，没有被各国科学家所接受。林奈提出的双名法，即每一个物种可以用两个拉丁字去命名它，属名在前，种名在后，学名就是属名和种名的组合。例如家猫的学名为 *Felis domestica*，其中 *Felis* 为猫属（共 26 种），*domestica* 是种名，拉丁语为"家养的"意思。再如黄瓜的学名为 *Cucumis sativus*，前者为属名，后者为种名。这种命名

法，使人一目了然，精确又简短，因而被各国生物学家所接受并公认为生物命名法规而沿用至今。双名法的确立，结束了动、植物分类命名的混乱局面，大大促进了科学分类学的发展。林奈的分类系统至19世纪是最为广泛接受的。并且他对许多生物的描述和分类是非常准确的，直到今天没有改变过。在总结自己对生物分类方面作出的贡献时，林奈曾自豪地说"上帝创造，林奈整理"。

为纪念林奈诞辰300周年，瑞典政府将2007年定为"林奈年"，纪念活动的主题为"创新、求知、科学"，旨在激发青少年对自然科学的兴趣，同时缅怀这位伟大的科学家。

五、微生物学的创始人——巴斯德

图 6-5

路易斯·巴斯德（Louis Pasteur）（1821—1895.9.25）法国微生物学家、化学家，近代微生物学的奠基人。像牛顿开辟出经典力学一样，巴斯德开辟了微生物领域。

巴斯德（图6-5）一生进行了多项探索性的研究，取得了重大成果，是19世纪最有成就的科学家之一。他用一生的精力证明了三个科学问题：（1）每一种发酵作用都是由于一种微菌的发展。这位法国化学家发现用加热的方法可以杀灭那些让啤酒变酸的恼人的微生物。很快，"巴氏杀菌法"便应用在各种食物和饮料上。（2）每一种传染病都是一种微菌在生物体内的发展。由于发现并根除了一种侵害蚕卵的细菌，巴斯德拯救了法国的丝绸工业。（3）传染病的微菌，在特殊的培养之下可以减轻毒力，使它们从病菌变成防病的药苗。他意识到许多疾病均由微生物引起，于是建立起了细菌理论。

当时，法国的啤酒业在欧洲是很有名的，但啤酒常常会变酸，整桶芳香可口的啤酒，变成了酸得让人咧嘴的黏液，只得倒掉，这使酒商叫苦不迭，有的甚至因此而破产。巴斯德发现，只要把酒放在56℃的环境里，保持半小时，就可杀死酒里的乳酸杆菌，这就是著名的"巴氏消毒法"，这个方法至今仍在使用，市场上出售的消毒牛奶就是用这种办法消毒的。

巴斯德成了法国传奇般的人物时，法国南部的养蚕业正面临一场危机，一种病疫造成蚕的大量死亡，使南方的丝绸工业遭到严重打击。人们又向巴斯德求援，巴斯德的老师杜马也鼓励他挑起这副担子。巴斯德用显微镜观察，发现一种很小的、椭圆形的棕色微粒，是它感染了蚕以及饲养丝蚕的桑叶，巴斯德强调所有被感染的蚕及污染了的食物必须毁掉，必须用健康的丝蚕重头做起。为了证明"胡椒病"的传染性，他把桑叶刷上这种致病的微粒，健康的蚕吃了，立刻染上病。他还指出，放在蚕架上面格子里的蚕的病原体，可通过落下的蚕粪传染给下面格子里的蚕。巴斯德还发现蚕的另一种疾病——肠管病。造成这种蚕病的细菌，寄生在蚕的肠管里，它使整条蚕发黑而死，尸体像气囊一样软，很容易腐烂。巴斯德告诉人们消灭蚕病的方法很简单，通过检查淘汰病蛾，遏止病害的蔓延，不用病蛾的卵来孵蚕。这个办法挽救了法国的养蚕业。

为了弄清鸡霍乱的病因，巴斯德以培养纯粹的鸡霍乱细菌作为突破口，他试用了很多种培养液，断定鸡肠是鸡霍乱病菌最适合的繁殖环境，传染的媒介则是鸡的粪便。他进行了多次实验，但都失败了。茫然无序中，他只得放松一下，停下研究工作，休息了一段时间。休息几天以后，巴斯德又开始了研究实验，这时，他发现"新大陆"了。他用陈旧培养液给鸡接种，鸡却未受感染，好像这种霍乱菌对鸡失去了作用。这是怎么回事呢？巴斯德顺藤摸瓜，终于发现，因空气中氧气的作用，霍乱菌的毒性便日渐减弱。于是，他把几天的、1个月的、2个月和3个月的菌液，分别注入健康的鸡体，做一组对比实验，鸡的死亡率分别是100％、80％、50％和10％。如果用更久的菌液注射，鸡虽然也得病，却不会死亡。事情并未到此结束，他另用新鲜菌液给同一批鸡再次接种，使他惊奇的是，几乎所有接种过陈旧菌液的鸡都安然无恙，而未接种过陈旧菌液的鸡却死得精光。实践证明，凡是注射过低毒性的菌液的鸡，再给它注入足以致死的鸡霍乱菌，它也具有抵抗力，病势轻微，甚至毫无影响。预防鸡霍乱的方法找到了！巴斯德从这一偶然的发现中，确认了免疫法原理，产生了制造抗炭疽的疫苗的设想。

说到狂犬病，人们自然会想到巴斯德那段脍炙人口的故事。他在1889年发明了狂犬病疫苗，他还指出这种病原体是某种可以通过细菌滤器的"过滤性的超微生物"。在细菌学说占统治地位的年代，巴斯德并不知道狂犬病是一种病毒病，但从科学实践中他知道有侵染性的物质经过反复传代和干燥，会减少其毒性。他将含有狂犬病原的延髓提取液多次注射兔子后，再将这些减毒的液体注射狗，以后狗就能抵抗正常强度的狂犬病毒的侵染。1885年人们把一个被疯狗咬得很厉害的9岁男孩送到巴斯德那里请求抢救，巴斯德犹豫了一会儿后，就给这个孩子注射了毒性减到很低的上述提取液，然后再逐渐用毒性较强的提取液注射。巴斯德的想法是希望在狂犬病的潜伏期过去之前，使他产生抵抗力。结果巴斯德成功了，孩子得救了。在1886年他还救活了另一位在抢救被疯狗袭击的同伴时被严重咬伤的15岁牧童朱皮叶，现在记述着少年的见义勇为和巴斯德丰功伟绩的雕塑就坐落的巴黎巴斯德研究所外。

虽然在他之前英国医生詹纳发明了牛痘接种法，但有意识地培养制造成功免疫疫苗，并广泛应用于预防多种疾病的，巴斯德堪称第一人。

六、我国著名生物学家——童第周

童第周（图6-6）是我国著名的生物学家，也是国际知名的科学家。他从事实验胚胎学的研究近半个世纪，是我国实验胚胎学的主要创始人。

童第周出生在浙江省鄞县的一个偏僻的小山村里。由于家境贫困，小时候一直跟父亲学习文化知识，直到17岁才迈入学校的大门。

读中学时，由于他基础差，学习十分吃力，

图6-6

第一学期末平均成绩才 45 分，学校令其退学或留级。在他的再三恳求下，校方同意他跟班试读一学期。此后，他就与"路灯"常相伴：天蒙蒙亮，他在路灯下读外语；夜熄灯后，他在路灯下自修复习。功夫不负有心人，期末，他的平均成绩达到 70 多分，几何还得了 100 分。这件事让他悟出了一个道理：别人能办到的事，我经过努力也能办到，世上没有天才，天才是用劳动换来的。之后，这也就成了他的座右铭。

大学毕业后他去比利时留学。在国外学习期间，童第周刻苦钻研，勤奋好学，得到了老师的好评。获博士学位后，他回到了灾难深重的祖国，在极为困难的条件下进行科学研究工作。没有电灯，他们就在阴暗的院子里利用天然光在显微镜下从事切割和分离卵子工作；没有培养胚胎的玻璃器皿，就用粗瓷陶酒杯代替，所用的显微解剖器只是一根自己拉的极细的玻璃丝；实验用的材料蛙卵都是自己从野外采来的。就在这简陋的"实验室"里，童第周和他的同事们完成了若干篇有关金鱼卵子发育能力和蛙胚纤毛运动机理分析的论文。

新中国成立以后，童第周担任山东大学副校长的同时，研究了在生物进化中占重要地位的文昌鱼卵发育规律，取得了很大成绩。

到了晚年，他和美国坦普恩大学牛满江教授合作研究细胞核和细胞质的相互关系，他们从鲫鱼的卵子细胞质内提取核酸，注射到金鱼的受精卵中，结果出现了一种既有金鱼性状又有鲫鱼性状的子代，这种金鱼的尾鳍由双尾变成了单尾。这种创造性的成绩在当时居于世界先进行列。

七、杂交水稻之父——袁隆平

袁隆平（1930.9.1—），籍贯江西省九江市德安县，生于北京。我国杂交水稻研究创始人，被誉为"杂交水稻之父""当代神农""米神"等（图 6-7）。他平头小脸，其貌不扬，经常一身泥土。而正是这个显得有些平凡和土气

图 6-7

的老头，以自己不懈的努力和才华，在古老的土地上创造了非凡的奇迹——目前在我国，有一半的稻田里播种着他培育的杂交水稻，每年收获的稻谷60％源自他培育的杂交水稻种子。

他说："从1953年到1966年，我在农校一边教课，一边做育种研究，每年都去农田选种。从野外选出表现优异的植株，找回种子播种，看它第二年的表现，这样来筛选具有稳定遗传优异性状的品种，这称为系统选育法，是常用的一种方法。1962年，我在一块田里发现一株稻鹤立鸡群，穗特别大，而且结实饱满、整齐一致，我是有心人，没有放过它。第二年我把它种下去，辛苦培育，满怀希望有好的收获，不料大失所望，再长出来的稻子高的高，矮的矮，穗子大小不一。这时候一般人感到失败就放弃了，我坐在田埂上想为什么失败了呢，我想到第一年选出的是一棵天然杂交种，不是纯种，因此第二年遗传性状出现分离，而如果按照那棵原始株杂交种的产量来计算，亩产能达到1200斤，这在60年代是非常了不起的——我突发灵感，既然水稻有杂交优势，我为什么非要选育纯种呢？从此我致力于杂交水稻育种。"

1966年，经过两个春秋的艰苦实验，对水稻雄性不育株有了较多的感性认识后，袁隆平把获得的科学数据进行理性的分析整理，撰写出首篇重要论文——《水稻的雄性不孕性》，在中国科学院出版的权威杂志《科学通讯》第4期发表。这篇论文的发表，标志着在国内开了杂交水稻研究的先河，这不仅是一个普通意义上的水稻育种课题的启动，而且开创了一个划时代的崭新的研究领域。在随后的30多年间，他在杂交水稻这个领域始终保持着世界领先地位，他的研究成果一个接一个，他创造的杂交水稻神话一个接一个。从1976年至1999年，我国累计推广种植杂交水稻35亿亩，增产稻谷3500亿公斤，相当于解决了3500万人口的吃饭问题，确保了我国以仅占世界7％的耕地，养活了占世界22％的人口。

袁隆平的眼界很小，他每天大部分时间都工作在稻田里；他的贡献很大，他为解决发展中国家的吃饭问题作出了巨大贡献。他说："我做过一个好梦，我们种的水稻像高粱那么高，穗子像扫把那么长，粒子像花生米那么大。"当一个人有了伟大的梦想并能一直为之努力奋斗，这个人就和普通人有了距离。

第七篇　生命科学进步的风向标
——诺贝尔生理学或医学奖趣闻

　　诺贝尔奖(Nobel Prize)是根据瑞典化学家阿尔弗雷德·诺贝尔的遗嘱所设立的奖项。诺贝尔是炸药的发明者，并因此获得了巨大的财富。但他对自己的发明用于破坏感到震惊，便于 1895 年 11 月 27 日在法国巴黎的瑞典—挪威人俱乐部上立下遗嘱，用其遗产中的 920 万美元成立一个基金会，将基金所产生的利息每年奖给在前一年中为人类做出杰出贡献的人，以表彰那些对社会做出卓越贡献，或做出杰出研究、发明以及实验的人士。按照诺贝尔的遗嘱设立 5 种奖项：物理学、化学、生理学或医学、文学、和平。1969 年，诺贝尔基金会新设了第 6 个奖——诺贝尔经济学奖。

　　诺贝尔奖设立 100 多年以来，见证了人类文明的不断进步。由于诺贝尔奖的评选公正，奖项权威，奖金丰厚，被认为是代表世界进步的最高荣誉。历史上那些曾经获得过诺贝尔奖的成功者常常付出了常人难以想象的努力和艰辛。瑞典皇家工学院院长佛勒斯特姆教授曾经说过："科学的重要性并不在于是否获奖，重要的是做有趣的科学研究。诺贝尔奖得主们自己也许都没意识到今后会获奖，他们只是在研究上充满好奇心，执著地做自己喜欢的工作。"这些诺贝尔奖获得者能够在瞬息万变、追潮逐浪的世界里淡定独处，自觉摒弃外在的干扰和杂念，以追求单纯的科学为目标，努力探索科学的奥秘，这本身就是一种付出。一个人如果能在旺盛的好奇心和单纯的求知欲驱使下从事科学活动，哪怕他没有获得诺贝尔奖，也是实践了这种科学精神，是值得我们敬仰的。

下面分享几例诺贝尔生理学或医学奖趣闻，希望大家在轻松阅读之余能有所感悟。

一、条件反射学说

俄国生理学家伊凡·巴甫洛夫（Ivan Pavlov，1870—1932）是最早提出经典性条件反射的人。

19世纪末期，巴甫洛夫开始致力于神经系统如何支配行为的研究工作。他通过研究狗产生唾液的方式揭示了一些学习行为的本质。

巴甫洛夫注意到狗在嚼吃食物时淌口水，或者说分泌大量的唾液，唾液分泌是一种本能的反射。巴甫洛夫还观察到，较老的狗一看到食物就淌口水，而不必尝到食物的刺激，也就是说，单是视觉就可以使狗产生分泌唾液的反应。巴普洛夫为每一只实验的狗做了一个小手术，改变了一条唾腺导管的路线，使它通到体外。这样，就可以接取和计量由导管滴出的唾液。待狗的手术创口愈合后，巴甫洛夫便开始实验。他每次给狗吃肉的时候，狗即流口水，而且看到肉就流口水，这说明狗是健康的，具有流涎反应。此后，巴甫洛夫每次给狗吃肉之前总是按蜂鸣器，于是，这声音就如同让狗看到肉一样，也会使它们流下口水，即使蜂鸣器响过后没有食物，亦如此。不过，巴甫洛夫发现，他不能无休止地连续欺骗这些狗。如果蜂鸣器响过后不给食物，狗对该声音的反应就会愈来愈弱，分泌的唾液一次比一次少。巴甫洛夫从实验中得出，几种不同的刺激都能跟蜂鸣器一样起同样的反应。例如，不论是打铃还是轻微的点击，只要与食物结合起来，就会使狗"遵命"流口水。

巴甫洛夫把这种非本能的反应称作"条件反射"。他称食物是无条件刺激，而铃声则是条件刺激。食物引起唾液分泌是无条件反射，是狗天生就有的；而狗听到铃声后分泌唾液乃是条件反射，是原本不存在的，连续处理后才能学到。条件反射与非条件反射相比，前者的数目是无限的，后者是有限的。条件反射扩展了机体对外界复杂环境的适应范围，使机体能够识别还在远方的刺激物的性质，预先做出不同的反应。因此，条件反射使机体具有更大的预见性、灵活性和适应性。

巴甫洛夫创立的"条件反射学说"是医学界的一个里程碑，对后世产生了深远的影响，为人类的医学事业做出了不可磨灭的贡献。在俄国以经典条件反射为基础的理论曾在心理学界长时间占统治地位。人们一致认为，相当一部分行为，用经典条件反射的观点可以做出很好的解释。为此，巴甫洛夫获得 1904 年诺贝尔生理学或医学奖。

二、磺胺药的发现

从 20 世纪初期起，欧洲的科学家们已开始热衷于从许多化学物质，尤其是从一些染料中，寻找抗菌药物。1932 年，德国有位名叫杜马克（G. Domark）的化学家投入了这种寻找药物的行列。

他发现一种红色的染料百浪多息有明显的抗菌效果。杜马克用健康的小白鼠做实验，先给接受实验的每只小白鼠注射凶残的溶血性链球菌。然后将这批小白鼠分成两组：一组不做处理作为对照，另一组注射百浪多息。结果，对照组全部死亡；实验组全部正常活了下来。通过小白鼠的实验证实了百浪多息的药效，但这种红色染料是一种复合物，到底是其中的什么成分能起着杀菌的作用呢？杜马克将百浪多息分离，最后发现有药效的纯净物是一种白色的粉末，这就是磺胺。杜马克为了进一步证实磺胺的药理作用，进行了很多次动物实验，都取得了成功。不少医学家也开始模仿杜马克的实验工作，同样得到了成功的结果。

事有凑巧，杜马克采用磺胺药治疗的第一例病人，竟然是他自己的小女儿艾莉莎。艾莉莎在实验室玩耍时不慎刺破了手指，那种可恶的链球菌也悄悄地进入到了她的身体里，并且在血液里不断繁殖。艾莉莎当天晚上就病倒了，不但手指红肿发热，而且还发起高烧。杜马克请来当地最有名的医生，用上了不少名贵的药物，病情不但没有好转，反而越来越严重了。"艾莉莎患了溶血性链球菌败血症，很难有救了。"医生们摇头叹息。在危急时刻，杜马克想起了磺胺的作用，可是这种药物目前只在动物身上做了实验，用在人身上有没有作用？会不会加重病情？杜马克无暇细想这些，立即从实验室取来磺胺药，果断地用到艾莉莎身上。时间在一分一秒地过去，第二天清晨，天边刚刚发亮时，艾莉莎从昏睡中醒来了。杜马克居然用磺胺治好了艾莉莎的病，这也是医学史上用磺胺药治好的第一个病人。

那么，磺胺药为什么能抗菌呢？原来，在细菌生长与繁殖过程中，有一种叫做氨基芳香酸的物质能起到促进生长的作用。磺胺与这种物质的结构非常接近，因此当病人应用磺胺药物后，细菌摄入到体内的除了氨基芳香酸以外，还有许多被误认为是氨基芳香酸的磺胺，因此细菌的生长繁殖受到阻碍，人的免疫系统就能比较容易地消灭细菌了。

直到今天，磺胺药与抗生素一起，仍然是最常用的抗菌药物。杜马克因发明了磺胺药，在 1939 年被授予诺贝尔生理学或医学奖。

三、青霉素的问世

青霉素是人类大量使用的第一种抗生素，它的发现是人类医药史上最重大的发现之一。

青霉素的发现者是英国细菌学家弗莱明（A. Fleming）。1928 年的一天，弗莱明在他的一间简陋的实验室里研究导致人体发热的葡萄球菌。由于盖子没有盖好，他发觉培养细菌用的琼脂上附着了一层青霉菌，这是从楼上一位研究青霉菌的学者的窗口飘落进来的。使弗莱明感到惊讶的是，在青霉菌的近旁，葡萄球菌竟然不见了。这个偶然的发现深深吸引了他，他设法培养这种青霉菌进行多次实验，证实青霉素可以在几小时内将葡萄球菌全部杀死。弗莱明据此发现了葡萄球菌的克星——青霉素。这种青霉菌培养液对动物是否有害呢？弗莱明小心地把它注射进了兔子的血管，然后紧张地观察它们的反应，结果发现兔子安然无恙，没有任何异常反应。这证明这种青霉菌液体没有毒性。弗莱明发现青霉素，似乎是偶然的，但却是他细心观察的必然结果。1929 年 6 月，弗莱明把他的发现写成论文发表。有人建议他申请制造青霉素的专利权，那样将来就会发大财。弗莱明经过考虑，婉言拒绝了这个建议。他说："为了我自己和我一家的尊荣富贵，而无形中危害无数人的生命，我不忍心。"

让人遗憾的是，当时青霉素还无法马上用于临床治疗，因为青霉菌培养液中所含的青霉素太少了，很难从中提取足够的数量供治疗使用。如果直接用它的培养液来治病，那一次就要注射几千甚至上万毫升，这实际上是不可能的。

1940 年，在牛津大学进行研究工作的澳大利亚病理学家佛罗理，仔细阅读了弗莱明关于青霉素的论文，对这种能杀灭多种病菌的物质产生了浓厚的兴趣。但是他知道，要提取出这种物质，需要各方面科学家的共同努力。于是，他邀请了一些生物学家、生物化学家和病理学家，组成了一个联合实验组。其中，德国生物化学家钱恩是他最主要和得力的助手。在佛罗理的领导下，联合实验组紧张地开展了研制工作。细菌学家们每天要配制几十吨培养液，把它们灌入一个个培养瓶中，在里面接种青霉菌菌种，等它充分繁殖后，再装进大罐里，然后送到钱恩那里进行提炼。提炼工作繁重而艰难，一大罐培养液只能提炼出针尖大小的一点点青霉素。经过几个月的辛勤工作，钱恩提取出了一小匙青霉素。把它溶解在水中，用来杀灭葡萄球菌，效果很好。即使把它稀释二百万倍，仍然具有杀灭能力。

联合实验组选择了 50 只小白鼠来进行实验；把每只都注射了同样数量、足以致死的链状球菌，然后给其中 25 只注射青霉素，另外 25 只不注射。实验结果，不注射青霉素的白鼠全部死亡，而注射的只有一只死去。随后，他们开始了更努力的提取工作，终于获得了能救活一个病人所需的青霉素，并救活了一名病人，证明了这种药物的效能。

佛罗理清醒地意识到，为了让青霉素能广泛地用于临床治疗，必须改进设备，进行大规模生产。但这对联合实验组来说，还是无法办到的事。而且，当时的伦敦正遭受德国飞机的频繁轰炸，要进行大规模生产也很不安全。1941 年 6 月，佛罗理不顾钱恩的反对，带着青霉素样品来到不受战火影响的美国。他马上与美国的科学家们开始合作。经过共同努力，终于制成了以玉米汁为培养基，在 24℃ 的温度下进行生产的设备。用它提炼出的青霉素，纯度高，产量大，从而很快开始了在临床上的广泛应用，并在美国进行大规模的生产。生产出来的青霉素首先被用于拯救盟军受伤战士，避免因受伤感染导致的死亡，据估计，青霉素拯救了 12%～15% 战士的生命。

　　战争结束后，青霉素即转为民用。但是，受当时的技术手段和菌种的影响，青霉素的产量仍然不高，从培养液里提取时只能获得 20 单位/毫升，所以价格很昂贵，这就使一般的百姓用不起，后来人们采用诱变育种技术获得了青霉素的高产菌株，使青霉素产量达到 2 万单位/毫升以上，此时青霉素才真正成为普通百姓消费得起的药品。

　　我们周围的一种常见病——肺炎就是由葡萄球菌感染引起的，在发现青霉素以前，人们对肺炎可以说是束手无策。青霉素作为杀灭葡萄球菌的特效药，挽救了无数人的生命。后来，人们又给提取出的青霉素加上一些亚基，使它的疗效更加显著，如我们常听说的氨苄青霉素等。直到现在，青霉素类药物仍然是人类抗菌消炎的常用药品。

　　1945 年，弗莱明、佛罗理和钱恩三人，因在青霉素发现和利用方面作出的杰出贡献，共同获得了诺贝尔生理学或医学奖。

四、笑病之谜

　　20 世纪 50 年代在南太平洋岛国新几内亚西部高地原始森林中的福鲁部落中流行着一种怪病。主要症状是四肢动作不听大脑指挥，阵发性抽搐，出现痴呆和精神错乱，并不时发出痛苦、可怕的笑声。病程短者 4 个月，长者 2 年，多数在 1 年内死亡，患者无一幸免。该病在福鲁部落人中流行了 30 年，使该部落濒临灭绝的境地。该病被当地部落称为"库鲁病"（"库鲁"一词在该部落中代表恐惧和寒战之意），也称"笑病"。

　　1957 年，美国医学家盖达塞克（D. C. Gajdusek）在澳大利亚墨尔本工作期间，获悉了这种怪病，由于病死率较高，激起他极大兴趣，便立即赶赴病区。他在当地初步调查一年后，就意识到这是一种人类尚未认识的疾病，其病因神秘莫测。

　　盖达塞克最先提出库鲁病是传染性疾病的假设，但由于该病没有季节变化，采用常规技术从病人中分离病毒也告失败，因此放弃了这一假设。他又提出中毒性病因假设，但测定病人体液、分泌物、死亡者尸检标本及厨房的灰尘和蔬菜的锰、汞、锌等重金属含量，都在正常范围内。那么是不是该部落长期近亲婚配，而使突变基因广泛散播引起此病，但对数百例患者的谱系调查，均未发现特殊的遗传病的遗传规律。

年轻的盖达塞克为查明库鲁病的真相，在新几内亚进行了长达10年的实地考察。他长期深入土著人部落生活，考察他们的生活习惯，不仅生活条件艰苦，更有尚不知晓的瘟神时时威胁生命。他通过观察发现，福鲁人有一种野蛮的传统习俗：当家中有人死去时，女眷和儿童生食死者的大脑，而库鲁病患者恰恰以妇女和青少年居多。于是，盖达塞克劝说当地人改除这种陋习，他反复耐心的工作收到了效果，数年后库鲁病的发病率大为降低。当最后确定食人肉葬仪与库鲁病的因果联系之后，该葬仪才被彻底废除。

由此，盖达塞克认为库鲁病可能是由于某种细菌、病毒或其他病原微生物引起的，吃死人肉特别是大脑，是疾病的主要传染途径。他利用与土著人建立起来的亲密关系，用斧头和马铃薯等换得病死者的大脑，拿回美国的实验室进行培养和分析，制成无菌、无原虫的悬液，注入黑猩猩的颅腔，一直坚持观察到第20个月时，黑猩猩终于发病了，与人得库鲁病的症状一样。他又用长臂猿和10多种不同类的猴子实验，都能复制出库鲁病。但他始终未能培养和分离出致病的细菌或病毒。后来受其他科学家的启发，他认定这是一种人类尚未认识的、比病毒还小的病原微生物。它所导致的库鲁病潜伏期很长，可达数月至30年，所以盖达塞克将它命名为"慢病毒"（注："慢病毒"不是病毒）。后来，他和其他科学家又发现了另外几种能导致神经系统疾病的慢病毒。

一桩20年的谜案成功告破，盖达塞克也因此项成果于1976年荣获诺贝尔生理学或医学奖。

值得一提的是，对库鲁病的研究并没有就此画上句号。美国科学家普鲁西纳(S. Prusiner)于1982年提出，导致库鲁病等神经系统疾病的病原体可能是一种传染性蛋白粒子，他称之为朊蛋白(Prior)，也叫朊病毒。他给朊蛋白下的定义是："那些不被大多数修饰核酸的方法灭活的蛋白质感染性颗粒。"后来的研究表明，朊蛋白果真就是库鲁病等多种传染性海绵状脑病的致病因子，普鲁西纳因此获得了1997年的诺贝尔生理学或医学奖。

五、神奇的生物导弹

1975年，英国免疫学家米尔斯坦(C. Milstein)和科勒尔(G. J. F. khler)，在剑桥大学实验室内巧妙地把一个由脾脏产生的B型淋巴细胞和一种能在体外无限生长的骨髓肿瘤细胞融合在一起，便产生了具有两种遗传特性的杂交瘤细胞——这种"混血儿"既能无限繁殖和生长，又能产生B型淋巴细胞抗体。为此，他们获得1984年诺贝尔生理学或医学奖。

不过，这种"混血"的杂交瘤细胞在体外培养，数量非常有限。为了获得数量可观的抗体，科学家经过反复实验，把杂交瘤注射进老鼠的腹腔内，借腹繁殖，老鼠体内就产生一批批生物导弹——专门对付该种癌细胞的B型淋巴细胞单克隆抗体。

把单克隆抗体称为导弹，是因为它有一种奇怪的本领，能准确地识别细菌、病毒、蛋白质等抗原物质，并和一定的抗原发生特异性的结合。它就像那些长着眼睛的定向导弹一样，进入人体以后直奔癌细胞。如果把"弹头"即抗癌药物置放于单克隆抗体的"弹体"之上，它就像核武器一样能准确地找到癌细胞，并把它彻底歼灭，这就避免了目前在癌症患者进行放疗和化疗时所产生的严重后遗症和对其他组织的损伤。

目前已有十多个国家正在积极从事研究杀癌的生物导弹，如抗血癌、抗肝癌、抗肺癌、抗乳腺癌等的"生物导弹"，并且取得了初步成效。2000年3月，美国人约翰·鲍斯确诊患有胃肠癌，且癌细胞迅速扩散，他知道活在世上的日子不多了，便撑着极度虚弱的身体艰难地去参加一次新的临床试验。出乎意料，一种名叫格利维克的新药竟挽救了他垂危的生命，仅服用一个月，他就奇迹般地恢复了健康，重回高尔夫球场去打球。这种格利维克新药就是生物导弹武器库中最先研制出的一种特效新药。美国约翰霍普金斯医学院的一位医生曾把放射性的碘安放在单克隆抗体上，然后将其注射到晚期癌患者体内，也获得了很好的疗效，且无副作用。